国家出版基金项目
NATIONAL PUBLICATION FOUNDATION

元代白話碑

馮承鈞◎著

山西人民出版社
山西出版傳媒集團

圖書在版編目(CIP)數據

元代白話碑 / 馮承鈞著. -太原: 山西人民出版社, 2014.12
(近代名家散佚學術著作叢刊 / 許嘉璐主編)
ISBN 978-7-203-08857-8

Ⅰ. ①元… Ⅱ. ①馮… Ⅲ. ①碑文-研究-中國-元代 Ⅳ. ①K877.424

中國版本圖書館CIP數據核字(2014)第289769號

元代白話碑

主　　編　許嘉璐
著　　者　馮承鈞
責任編輯　秦繼華

出 版 者　山西出版傳媒集團·山西人民出版社
地　　址　太原市建設南路21號
郵　　編　030012
發行營銷　0351-4922220　4955996　4956039
　　　　　0351-4922127(傳真)　4956038(郵購)
E-mail　sxskcb@163.com　發行部
　　　　sxskcb@126.com　總編室
網　　址　www.sxskcb.com

經 銷 者　山西出版傳媒集團·山西人民出版社
承 印 廠　山西出版傳媒集團·山西人民印刷有限責任公司

開　　本　700mm×970mm　1/16
印　　張　5.5
字　　數　46千字
印　　數　1—3000冊
版　　次　2014年12月　第1版
印　　次　2014年12月　第1次印刷
書　　號　ISBN 978-7-203-08857-8
定　　價　14.00圓

《近代名家散佚學術著作叢刊》編委會

出版説明

近代名家散佚學術著作叢刊選取一九四九年以後未再刊行之近代名家學術著作共一百二十册，編例如次：

一、本叢書遴選之著作在相關學術領域具有一定的代表性，在學術研究方向、方法上獨具特色。

二、爲避免重新排印時出錯，本叢書原本原貌影印出版。影印之底本皆經專家組審定，原書字體大小，排版格式均未做大的改變，原書之序言、附注皆予保留。

三、本叢書分爲八大類，以作者生卒年編次。

四、爲使叢書體例一致，本叢書前言後記均采用繁體字排版。

五、個别頁碼較少的版本，爲方便裝幀和閱讀，進行了合訂。

六、少數學術著作原書内容有個别破損之處，編者以不改變版本内容爲前提，部分進行修補，難以修復之處保留缺損原狀。

七、原版書中個别錯訛之處，皆照原樣影印，未做修改。

八、所選版本之抽印本頁碼標注，起始至所終頁碼均照原樣影印，未重新編排標注新頁碼。

由於叢書規模較大，不足之處，殷切期待方家指正。

總序／

披沙瀝金，以爲鏡鑒

◇許嘉璐

多年來有一個問題始終在我腦中盤桓：爲什麽在十九世紀末到二十世紀初，在短短的幾十年裏，中國的各個學術領域竟涌現了那麽多大師級的人物？這是中國近代史上一個極爲重要的現象，我認爲，如果不能給出令人滿意的答案，我們撰寫的近代學術史將是不完整的，甚至是缺乏靈魂的。後來我知道，著名人類學家克羅伯曾提出過一個問題：爲什麽天才成群地來？看來這種現象的出現並非中國所獨有，思考其所以然的也大有人在。而在那一次世紀之交中國的情况，似乎應驗了「天才成群地來」這個令克氏久久不解的疑問。錢學森先生曾從相反的方向提出了相同的疑問：爲什麽我們這個時代出現不了杰出人才？後來人們稱這個問題爲「錢學森之謎」。

要回答這些疑問不是件容易的事。與其迅速地囫圇地探尋，不如先多了解那些讓中國近代學術（應該包括人文科學和自然科學）史上閃耀着光輝的大師們的作品和自述，從而在腦海里盡量「復原」他們所處的環境和在那種環境下的心理路徑，從中或許可以得到一些啓示。

有一點是顯然的，這就是他們雖然都已遠離塵世而去，但是他們獨立思考的品性、求知治學的真誠、困厄窮愁中對節操的堅守，恐怕是他們共同的主觀因素，一直影響到現在，而且將會永遠留存下去。

就思想界、學術界而言，二十世紀上半葉是一個新説和舊説碰撞，中學和西學融匯的大時代。那時的學人極爲重視言行操守，同時具備現代知識分子的理想信念；他們的學術研究十分純净，絶少功利因素；他們的視界開闊，以包容的心態和嚴謹的風格造就了成果的大氣與厚重。至於在客觀因素一面，他們實際是在用工業化時代的事實解説着太史公所説的名山之作「大抵聖賢發憤之所爲作」，困厄苦難使得他們「皆意有所鬱結」。這種鬱結，幾乎和個人的名利毫無牽涉，他們永遠不能釋懷的，是民族的存亡、國運的興衰、民衆的福禍和文脈的續斷。

那個時代也是近代歷史上最大規模的中西古今學術調適、創新的時期，學術方法上的交互滲透和融合、創新亦可謂「於斯爲盛」。斯時之學人是要在封閉的屋墻上鑿出窗子的勇士，是使人能够看看外部世界的第一批導夫先路者；或者可以説，他們是在「意有所鬱結」時「彷徨」和「吶喊」的「狂人」。

相對於那時的哲人們，後來者是幸運兒。現在的形勢是，近三十年來學界空前繁榮，衆多學科有了長足之進，其中很重要的一點是學界有了更新穎、更廣闊的國際視野，似乎接續上了百年前的學壇盛事。但細想想，「古」與「今」還是有差別的。其异，主要不在於世界情勢、學術進展、工具改善這些客觀存在，而在於在廣泛吸收各國優長的同時，自身文化的主體性越來越受到重視，换言之，「拿來主義」已經延長了「拿來」的程序，加上了試用、甄別、篩選、吸收、融合、成長。就我孤陋所見，在當今地球上，面向所有異質文明，努力汲取我之所缺，其範圍之大和心態之切，似乎無出中國之右者。從這個角度説，我們已經超越了前輩。但是事情還有另外一面，學術，特別是人文學科，其職業化、「沙龍化」和功利性，以及隨之而來的浮躁病却嚴重了。從這個角度説，是不是我們已經後退得够可以的了？而這是不是我們這個時代出不了大師的原因之一呢？

民國學術界的特點之一是極爲注重對傳統的反省、批判與繼承。他們對傳統文化盡最大的努力進行整理和研究。一方面，由於戰亂頻仍，民不聊生，學者們擔起了讓中華文化薪火相傳的歷史責任；另一方面，他們要通過對中國傳統文化的整理、挖掘來重振民族自信心。這一時期對傳統文化進行整理的全面而深入是前所未有的，舉凡文字學、語言學、經濟學、法學、哲學、政治制度、書法繪畫、金石學……規模之宏大，研究之精微，令人嘆爲觀止。

民國學術推動了現代學科體系的建立。在對傳統文化整理和研究的基礎上，吸收西方的文化思想和理念，推動和建立了中國現代學科體系。例如，在對語言文字和音韻學成果進行整理、研究的基礎上開始着手規範之，建立了國語學；深入研究書法、國畫，將其融入了現代美術學科；在廢除舊有學制後逐步建立起小、中、大學較完整的科目和學科體系。

民國學術也改變了傳統學術方式，建立了新的研究範式。以現代科學考古爲發端，科研的實踐和成果使中國知識界真正認識到在實驗、比較基礎上的邏輯分析對學術研究的重要，推進了中國學術的一大演變。至於我們常説的打破士大夫傳統、走出書齋到田野鄉村和市民中進行調查研究、結束了經學時代、以歷史眼光檢視儒學和諸子等等，都是確立新學術範式的努力。這一轉變，也標誌着中國學術界脱胎换骨，全面進入了現代，爲此後的學術發展奠定了堅實的基礎。當然，西方啓蒙運動以來，在「現代性」和「現代化」裏潛伏着的缺陷和謬誤也傳到了中國，這些不能不在前哲的著作裏留下痕迹。這並不奇怪。類似的情況，古往今來孰能免之？猶如今天的我們，誰敢自稱我之所見就是永恒的真理？在這個問題上兩個時代所異者，或許就在昔時大家創立新説或譯註西學著作，往往是懷着對學術和前哲的敬畏而爲之，故而常常誤不在我；當今則往往出於對學問和他人的輕蔑，或以所研究的對象爲謀己的工具，因而難辭主觀之咎吧。翻閲他們的心血之作，這些復雜的狀況可以顯見，可以視之爲我們的一面鏡子。

滄海桑田，世事變幻，歷史的動盪和時代的遮蔽，使當年許多大師的一些極有價值的學術著作被棄於故紙堆中，不能不令人有遺珠之憾。爲此，山西人民出版社不惜以數年之艱辛，披沙瀝金，編輯出版這套近代名家散佚學術著作叢刊，凡一百二十冊，計文學、史學、政治與法律、美學與文藝理論、民族風俗、宗教與哲學、經濟、語言文獻共八大類別。所選皆爲作者之純學術著作，無論是其見解、精神，抑或是其時代烙印，都是後輩學人可資借鑒的寶貴財富。他們出版這套叢書，意在讓世人不忘來程，知篳路藍縷之不易，爲民族文化的傳承再增薪木。

出版社的初衷，與我近年來所思所慮近似，故願略述淺見於書端，以與策劃者、編輯者和讀者共勉。

二〇一四年七月六日

改定於自安東回京途中

前言

◇王紹培

近代名家散佚學術著作叢刊是一項重大的學術工程，我接到寫這個序言的指令，誠惶誠恐多日，端的是藐予小子，何敢贊一言。

但我亦深知這是一個重温先賢大哲杰出思想成就的寶貴機會。果然，十余部宗教哲學類著述電子版到手，翻閱起來，雖然難免諸多不便，但静心瀏覽，不能不生感慨良多。這批著作全部都在民國期間出版。最早的一本是梁漱溟的究元决疑論，是商務印書館一九二三年出版的。其餘的大部分都出版在二十世紀三十年代的抗戰爆發之前。想想看，彼何時也，政局動盪不已，軍閥混戰不休，而民不聊生，但學術活動仍然頑强掙扎，開展得如火如荼，且學術質量之高，令人驚訝。

所謂學術質量之高亦不是我輩來信口雌黄。事實上，對於這些前輩學人及其成就，學界早有定評。例如，梁啓超（一八七三年—一九二九年）被公認是清朝最優秀的學者，是一位百科全書式的人物。最難以想象的是在他五十六年的短暫生命中，既積極投身從事大量的政治活動和社會活動，又能在哲學、文學、史學、經學、法學、倫理學、宗教學等領域均有建樹，這是怎麽做到的？曾經看見一則逸聞，説梁啓超每天必打八圈麻將，寫八千字文章，他不少文章是邊打麻將邊口授的，簡直神乎其技了，但不知道真假。本叢書收録的梁啓超的中國學術思想變遷史（商務印書館一九二六年出版）被學人贊許之爲「中國學術史上的垂範之作」。梁啓超在經過革命失敗的過程之後，痛定思痛，得出的教訓是要高度重視學術思想，他說：「學術思想之在一國，猶人之有精神也，而政事，法律，風俗，及歷史上種種之現象，則其形質也。」梁啓超認爲，有新學術思想，就會有新國民，有新國民，就會有新國家新世界。從梁啓超的論述可知，他對哥白尼、培根、笛卡爾、孟德斯鳩、盧梭、富蘭克林、瓦特、亞當·斯密、達爾文等等思想家瞭如指掌。他極爲看重思想言論自由，他認爲「春秋末及戰國」爲中國學術思想的「全盛時代」，而追溯所以致盛的原因，「思想言論之自由」爲其中一個重要的方面。其餘諸多因素，除了「由於蘊蓄之宏富也」與歷史積累有關，其他「社會之變遷也」、「交通之頻繁也」、「人材之見重也」、「文字之趨簡也」、「講學之風盛也」，也都跟社會自由有很大的關聯。現在的年輕人有時或者會覺得清末民初的人物都是老古董，但看看梁啓超就知道，他的思想之新銳先鋒不在現在很多人之下。正因爲梁啓超把學術思想看得如此之重，因此，該書欲總結中國固有學術思想之得失，以西方文化參補之，從而恢復上古與中古時代「我中華第一也」的學術「最高尚最榮譽之位置，而更執牛耳於全世界之學術思想界」。百年之後，看見這樣的雄心壯志，真是讓人唏噓不已。

再如錢基博先生。現在的讀者如果知道錢基博大概多是因爲錢鍾書的緣故，但錢基博先生本身就是碩學鴻儒，父子同爲大師，此等情形較爲罕見。四書解題及其讀法（商務印書館一九三一年出版）亦是錢基博的代表作之一。四書是儒家傳道授業的基本教材，亦是儒學的重要原典。錢基博説他在四十歲時遇見梁啓超，梁啓超送他一本要籍解題及其讀法，他有不同看法，於是成就四書解題及其讀法一書。錢基博的四書解題，回到朱熹的「大語孟中」的次序，所謂「不先乎大學，則無以提綱挈領，而盡語孟之精微；不參之論孟，則無以融會貫通，而極中庸之指趣」。或則，「先讀大學，以立其規模，次及語孟，以盡其蘊奧，而後會其歸於中庸；蓋以爲學之程序，而第其書之先後也」。衆所周知的是，錢基博不是那種關門閉户死讀書的腐儒，而是心憂天下的君子。就在該書的序言裏，他亦不忘表露初衷：「今四十歲，飽更世患，民治革政，共而不和，争民施奪之既久，寖尋以至今日，又見有專無制，哀哉耗已！末法披昌，人將相食！窮則反本，緟温故書，然後知聖人憂世之情深，仁民之道大也！繕寫既定，而爲考鏡原流，發明指意，於文章典籍之中，得其辨名正物之意，庶幾尼山正名之意云爾！」在錢基博這樣的學人眼裏，做學問跟憂世仁民大有關聯。

這些學者當中，無疑以梁漱溟（一八九三年—一九八八年）的世俗名氣爲最大，在現當代中國歷史上，梁漱溟是一位罕見的絶不阿世媚俗的有風骨的文人。梁漱溟自謂：「我自十四歲進入中學之後，便有一股向上之心驅使我在兩個問題上追求不已：一是人生問題，即人活着爲了什麽，二是社會問題亦即中國問題，中國向何處去……總論我一生八十餘年（指十四歲以後）的主要精力心機，無非都用在這兩個問題上。」梁漱溟曾經兩度自殺，可見其苦悶至深。一九一六年，二十三歲的梁漱溟即寫成究元決疑論，在東方雜誌連載，引起轟動。正因爲是書，二十四歲的梁漱溟被蔡元培校長延聘，進入北大教授印度哲學。關於究元決疑論之緣起，梁漱溟説：「於爾所時，舊執既失，勝義未獲；憂惶煩惱，不得自拔。或生邪思邪見；或縱浪淫樂；或成狂易；或取自經。如此者非財寶事物之所得解，唯法得解……所謂佛學如實論與佛學方便論之二部，前者將以究宣元真，今命之曰『究元第一』；後者將以決行止之疑，今命曰『決疑第二』。世之所急，常在決疑，又智力劣故，不任究元，以是避諱玄談，得少爲足。且不論其所得爲似爲非。究理而先自畫，如何得契宇宙之真？不異於立説之前，自暴其不足爲據。欲得決疑，要先究元。」所謂「究元」，亦即「佛學如實論」，探討宇宙本體問題，揭示佛法的核心教義乃爲「無性」，「無性」亦即「無自性」，世間萬事萬物皆是因緣和合，並無自體自性，如斯則從根本意義上省悟宇宙人生之真相。所謂「決疑」，亦即「佛學方便論」，討論現象界的問題，以究元所得的佛法宇宙人生真諦來認識和指導現實的社會人生。「究元」是佛教立場的本體論，「決疑」是建基於佛教之上的人生觀。欲得決疑必先究元；先解決本體問題，則人生問題就好順勢而爲。值得一說的是，五四時期，中國學術界跟國際社會基本接軌，信息傳遞大體同步。例如，古斯塔夫·勒龐（彼時譯爲魯滂）的各種學說都被悉數譯介，如新物質論甫一翻譯，即被梁漱溟消化，以兹與佛家性空學說參觀對照，按照勒龐的說法，以太是宇宙的本體，以太的「渦動」即爲物質，「渦動」停止物質消滅的過程中派生各種「力」，「力」是同一物的不同形式。梁漱溟認爲以太跟佛家的如來藏或阿賴耶相類似，「渦動」相當於忽然念起，「此渦動便是無明」。除此之外，梁漱溟對各種西方哲學瞭如指掌，例如，他以康德的現象與「物如」（物自體）之分，休謨的不可知論，來印證佛家元哲學之三義：「不可思議義，自然(Nature)軌則不可得義，德行(Moral)軌則不可得義。」復以叔本華的盲目衝動和意欲之說，柏格森的生命哲學來論證「人生基本是苦」的結論，唯有以佛法爲精神支柱，方能安穩自我，清静自守。

相對來說，馮承鈞先生（一八八七年—一九四六年）鮮爲人知。馮承鈞早年留學比利時，後赴法國巴黎大學，主修法律。一九一一年獲索邦大學法學士學位。續入法蘭西學院師從漢學家伯希和。馮承鈞歸國後，曾任北京大學歷史系教授、北京師範大學歷史系教授。馮通曉法文、英文、比利時文、梵文、蒙古文、阿拉伯文、波斯文，兼及古回鶻語、吐火羅語和蒙語八思巴字，並精通中國史籍，在歷史學、歷史地理學、歷史語言學和考古學等方面都有較深的造詣，在史地研究考證方面卓然成家。馮承鈞畢生研究中外交通史和邊疆史，著譯既多且精，是民國時代重要的中外交通史家。馮承鈞從金石書畫以及方誌内裒集了元代的白話聖旨碑，成爲一書，此即元代白話碑，概述元朝白話碑文的歷史背景，並對於元代白話語法加以研究討論。關於歷代求法翻經録，馮承鈞在其叙言中說：「求法傳經二事之重要，已爲西方學者所共知……第此種史料，多散見於釋藏傳記譜録之中。初學不易尋檢。余不敏特爲鳩集舊文，參以新證，凡關於求法翻經之事，皆撮録其要……彙爲一編，名曰求法翻經録。」由此可知，該書是一本資料薈萃之編。

另有兩位不大爲後人所知的學者。一位是江恒源（一八八五年—一九六一年）。江恒源是一位教育家，他的中國先哲人性論是作者一九二四年用八十天的時間寫成的專著，將先秦到明清之際的諸多先哲跟人性有關的觀點、思想娓娓道來。作者認爲，總體來説，中國哲學的起源，和歐洲有點不同。歐洲哲學以「求知」爲出發點，中國哲學以「利行」爲出發點。歐洲人説「哲學起於驚異」，而中國哲學一切以現實認識爲根據……這幾句話要言不煩，道破中西哲學之差異。另一位是熊㝱（一九〇二年—一九八三年）。一九三一年，熊㝱留學美國華盛頓州立大學，獲經濟學博士學位，回國後任國民黨中央政治會議經濟組專門委員。一九三九年出任沅陵税務局局長。一九四〇年冬掛冠歸里，應聘爲三民中學教務主任。熊㝱一生著述頗豐，著有墨子經濟思想史、晚周諸子經濟思想史、江西省財政概況、湖南省財政概況等。其中，晚周諸子經濟思想史算得上是中國經濟史的奠基之作之一。該書綜述道儒法墨四家的經濟思想，同時對百家思想多有論略。

另外三位先生，湯用彤（一八九三年—一九六四年）、朱謙之（一八九九年—一九七二年）、蔡尚思（一九〇五年—二〇〇八年），知名度不大不小，但其實都是極具分量的重要學者。一般認爲，湯用彤是現代中國學術史上少數幾位能會通中西、接通華梵、熔鑄古今的國學大師之一。他的竺道生與涅槃學是其重要的學術著作之一。竺道生是東晋時期的著名高僧，是鳩摩羅什的弟子。竺道生認爲那些斷了善根的人也可以成佛，他又主張頓悟成佛，這些都不是主流的觀點。竺道生是東晋最著名的涅槃學者，他把作爲精緻哲學形態的般若學和粗俗的成佛説教結合起來，着重闡發涅槃佛性説，認爲「真空妙有」契合無間，開創佛教一代新風，因此被尊爲「涅槃聖」。朱謙之是二十世紀著名歷史學家、哲學家和東方學家，亦有「百科全書式學者」的美譽。他年輕時曾經短暫出家爲僧，後來發現，佛教不能實現自己的夙願，因此跟佛門斷絕關係。他主張宇宙人生是一股真情之流。他的中國思想對於歐洲文化之影響（一九四〇年出版）一書的寫作，歷時五年，他自認爲是「最細心結撰的一部著作」。朱先生認爲，東西文化各有其自身的歷史特徵，但是，這並不妨礙它們同時通過各種途徑接受、吸納對方的影響。在十七至十八世紀，中國哲學文化給予歐洲思想界的影響歷歷可數。在十六至十七世紀則以來華的耶穌會士爲媒介，中國哲學文化特別是孔子哲學被廣泛譯介到歐洲大陸，成爲歐洲理性時代來臨的外來思想條件。東西文化的相互影響、接觸，給世界文明帶來了强大的推動力。朱謙之先生的這部重要的著作，對於研究中西方文化史的後來學者，仍然是一座繞不過去的學術高峰。蔡尚思先生是哲學家，亦是中國思想史專家。他出版中國三大思想之比觀一書時是二十八歲，寫成則是二十四歲，而在此前的二十一歲時，他就寫成了研究孔子哲學、老子哲學和墨子哲學的專著。所謂中國三大思想，指的是老孔墨三家。蔡尚思先生將三家思想的方方面面比較對照，細緻而又周全。例如，他認爲老子是藝術的，墨子是功利的，孔子則介乎兩者之間；老子以死天爲主，活人法死天，無爲自然；孔子以天鬼爲名，以君王爲實，視天子嚴君如天帝鬼神；墨子以活天爲主，視死天如活人，兼愛交利……這些比較十分具體，發人深省，後之學者反而不做如此細緻的功夫了。

即使是非常粗略地瀏覽民國學人的著述，也不難發現一點，這些學者何以在年紀輕輕時就已經開始著書立説，而且水準頗高？我們站在新中國的立場回望，覺得彼時天地之舊，但如果他們站在辛亥革命之後前瞻，或許看見的全是風物之新。因此，當時的人或者滿是志氣，要在新天地有所作爲。及至戰亂迭起，他們更是堅定了文化返本開新的决心。從教育的角度來説，當時的精英教育使能够接受教育的人都是英才，而這些教育英才的人和英才自己也都非常珍惜機會，所以成才率顯然比今天高。中外學術思想交流的順利和及時，也是民國學術思想繁榮的一個原因。我們看梁漱溟等人的書，不難發現他們對國外各種思想潮流都瞭如指掌，各家各派的學説都被拿來爲我所用。當然，學術思想的相當自由也保證了這些學者在著書立説時，較少外部顧慮，一心把書寫成、把文章做好就對了。這些其實遠遠不算完美的局面，仍然因爲日本人的侵略而被打斷，内戰的影響也顯而易見。及至新中國建立，學術範式、語言、議題、旨趣等等完全轉型，一個時代就這樣結束了。

因此，今天我們重温民國學人的思想，除了瞻仰他們曾經到達的思想高度之外，也是順便看看，學術思想在一種相對自然而正常的情況下，可以呈現出一種怎樣的風貌，結出怎樣的碩果，而於我們中國人會有怎樣的信心跟鼓勵。值得慶幸的是，二十世紀八十年代開始，我們又回到了一個總體來説學人可以有所作爲的環境中，至於新世紀的學人可以取得怎樣的成就，在很大程度要看個人自己的努力和争取了。

作者簡介

馮承鈞（一八八七年—一九四六年），字子衡，湖北漢口人。中國歷史學家、中外交通史家。他通曉法文、英文、梵文、蒙古文和吐火羅文，畢生研究中外交通史和邊疆史，著譯等身，在中國近現代翻譯史上，他是完全可以同嚴復、林紓、馬君武、伍光建齊名的一流翻譯家。他的史地譯作，引進了歐洲漢學的成果和科學的治學方法，對民國時期以至後來的中外交通史、蒙古史的研究，都具有重大的推進作用。

目錄

元代白話碑

緒言

梵名古翻中有摩訶羅闍（Maharaja）。此云大王。印度及南海諸王之尊號也。漢文譯音皆無定字。兩年來檢尋史籍得其異譯三十有三。近檢元史卷一六六信苴日傳又得其一。即傳謂大理國王段興智入覲。憲宗賜興智名摩訶羅嵯者是也。考泰定二年（紀元一三二五）大理軍民總管段信苴隆所建大理崇聖寺碑。同一梵名又作摩訶羅瑳。碑云武定公（即興智）「挫舍利畏三十萬嘯集之師於滇海之上。破釋多羅十餘萬寇抄之衆於洱水之濱。」其人既以舍利（Sri）（按畏字得爲梵文 varman 之對音）多羅（Tara）爲名。足證當時雲南諸土著之梵化。不僅大理王號摩訶羅瑳也。碑中之段實。即元史之信苴日。信苴爲爨語之譯音。華言總管。非姓氏也。其名元史作日。碑文作實。皆一音之異譯。不意於求同名異譯之中。又發見別一同名異譯之例。初意以爲偏檢元代雲南諸碑。必更有所見。乃檢尋久之。一無所得。又集全國所建元代碑文審之。亦未見有摩訶羅闍之異譯。頗失望也。雖然。吾於鳩集元碑之中。又發生研究元代諸聖旨碑之興趣。

元碑中有一種碑文。上勒白話聖旨。爲諸碑中別具一體者。卽顧炎武山東考古錄所謂鄙俚可笑。劉侗帝京景物略所謂夷語可姍者是已。考據金石之書。大抵止錄其一。以備一格。餘皆删芟不取。故此種聖旨碑幸存者甚少。檢諸金石錄地方志外人拓影。暨余手抄諸碑。僅得三十餘通。其原碑已毁。唯存其文者不少。而碑與文幷毁者其數當不止數倍於此。考其毁佚之原因。唯在「不文」就詞翰方面言。文采固可形其美。但就史料方面言。文飾亦可掩其眞。人類思想發爲白話。已經矯飾一次。復由白話變爲文言。又經矯飾一次。所存之眞已寡矣。與其文無寧俚。余讀元史。寧取泰定登極俗語詔書。（卷二十九）不取忙哥撒兒傳（卷一二四）尙書體詔書。讀前一詔。知爲當時之方言。讀後一詔。則爲數千年前之古話。故在史料中量度眞之多寡。騷人墨客之文。實不及村婦里老之言。

元代諸白話公文。初視之其措詞似同。細審之其語法各異。玆取諸碑末尾一語比較之。口吻皆殊。非印板文字也。

（1）不怕那〔文二十二　文三十一　文三十八〕

（2）更不怕那〔文二十六　文三十七　文三十四〕

（3）不怕甚麽〔文二十五〕

（4）不怕那甚麽〔文十八　文二十　文二十一　文二十三　文二十四　文二十八　文三十　文三十五〕

（5）更不怕那甚麽〔文十九　文三十二〕

（6）怎不怕那是麽〔文三十七〕

（7）不怕罪過那甚麽〔文九〕

（8）不怕那不有罪過那甚麽〔文十〕

右舉八例。語法皆異。再就諸碑中諸帝名審之。除泰定帝順帝未見列舉外。皆以蒙古汗號稱之。曰成吉思汗。（太祖）曰窩闊台汗。（太宗）曰貴由汗。（定宗）曰蒙哥汗。（憲宗）曰薛禪汗。（世祖）曰完澤篤汗。（成宗）曰曲律汗。（武宗）曰普顏篤汗。（仁宗）曰格堅汗。（英宗）曰護都篤汗。（明宗）曰扎牙篤汗。（文宗）曰懿憐質班汗。（寧宗）元史中之廟號年號皆漢語之稱彼蒙古諸汗多不習漢文漢語。（可參考二十二史劄記卷三十）決未解此。由此推之。漢文所謂順帝惠宗當時必稱兀哈篤汗（Ukhagatu）。元代諸汗本身漢名尚且未解何有於文言體之詔書。則欲知當時諸汗之語惟於諸白話碑中求之。或可得其眞相。

第諸碑中之白話。亦頗難讀。前人錄其文者。句讀多誤。蓋白話中之文法。較文言爲難解。余始讀一碑。亦難盡解。將諸碑比較研尋。始曉其意。諸文中之白話。並非元代特有之語言。如引文一之「這般。」引文二之「那般。」已見朱子語錄。其論易象一條云「這般人占得便把作這般用。那般人占得便把作那般用。」又水滸傳楔子云「何曾穿草鞋走這般山路。知他天師在那里。卻教下官受這般苦。」可證此語上始於宋。下迄於明。皆通行矣。余研尋今日白話。見名詞之「頭」「子。」多數之「們。」動詞之「來」「去。」狀詞之「的。」問詞之「麼。」及一意用兩三綴音之例。始悉現代中國白話非單音語（monosyllabique）。乃附有語尾之變化語（agglutinante）。特爲單音之字所蒙蔽耳。若以注音字母表示之。一個觀念實不限於一音。而其語尾之變化實甚豐富也。今研究元碑又知此種變化不始於今日。諸詔旨中之的、底、每、裏、有、來、者、呵、麽、那皆爲接尾語(suffize)。後人不察。概以助詞名之。殊不知中國白話之變化。即在此種助詞。姑就此點言。元代白話碑在語言學中有極大價值也。

余原輯諸碑。僅限於白話聖旨碑。後見諸碑中亦有勒令旨法旨劄付諸文者。其價值等重。亦幷錄之。旋又於諸書中檢出白話聖旨若干種。已否刻石。今不可知。然亦屬白話聖旨之類。可以供比較也。亦撮錄數通。此外散見於元典章中之白話公文尚多。因其在語言方面無新例可取。故未採錄。

合計所錄之文四十通。爲碑者四分三以上。就其性質別爲四類。一爲無類可歸者。爲文二。次爲關係釋道二教辯爭之詔旨。爲文九。又次爲保護道教公文。爲文十六。殿以保護釋教之文十三。今日白話碑文可考者。大致盡於此矣。

諸碑中有七碑。上勒兩體文字。一碑下勒漢文。上勒八思巴（Phaga-pa）字母。全譯漢文之音。

〔文十七〕四碑勒蒙漢兩體文。蒙文皆用八思巴字母。〔文十八。文二十三。文二十四。文三十一〕一碑勒藏漢兩體文。〔文三十七〕此碑爲法旨碑。可證國師法旨得用西藏文。一碑已毀。僅存漢文。惟知上有國書。〔文三十二〕此國書得爲八思巴字母蒙古文。然亦得用前法旨碑之例而用藏文也。八思巴字母頒行於一二六九年。證以一二七五年碑。〔文十七〕知其用以譯漢文之音。次年〔文十八〕始用以寫蒙古之語。至一三一一年。又改用西藏剌麻諾門(Nomoua gherel)所製新字母。〔卽現行蒙文字母〕當時似未通行。證以一三一八年光國寺碑。〔文三十一〕仍用八思巴字母可以知之。一三四五年居庸關石刻。亦用八思巴字母。又可證舊字母至十四紀中葉尙未廢也。

余輯諸碑。略事硏求。所得之結果如此。若在歷史及語言方面。用科學方法詳細分析。其成績恐不致於可姍笑而可驚也。比年來建有元碑地域之寺觀。多因今人厲行物質化。行將重遭會昌五年之劫。而此數百年來視爲無足輕重之白話碑。殆將供作牆基磨石之用矣。乘此有文可徵之時。爰鳩集而彙錄之。或亦爲保存史料者之所許也。所輯諸文。除見諸金石錄地方志并手抄者外。中有數通。惟見於下記三書。

（１）波那巴特(Roland Bonapate)親王輯蒙古時代十三四世紀文證。(Documents de l' Epoque Mongole des XIII et XIV siècles.)

（２）德維里亞(G. Deveria)撰蒙漢碑錄(Notes d'Epigraphie Mongolo-Chinoise.)

（３）沙畹(Ed. Chavannes)撰蒙古時代之石刻及檔案(Inscriptions et pièces de chancellerie chinoises de l'époque mongole.)

本編諸蒙古色目人名。除已見西籍者外。多依元史國語解復其元名。但十八世紀之蒙古語。未能必爲十三四紀之蒙古音。顧諸名異譯甚多。不能不用一名以資劃一。

諸碑用語。有文義相類者。玆以文言分析如下。比較觀之其意自明。至語法殊異之處。不能偏舉也。

原白話文	文言譯義
長生天氣力裏大福蔭護助裏皇帝	上天眷命皇帝

聖旨	聖旨
	宣諭
軍官每根底軍人每根底城子裏達魯花赤每根底來往使臣每根底	該軍官軍人城村長官來往使臣等
宣諭的聖旨	（前奉）
成吉思皇帝 等等	太祖皇帝 等等
聖旨裏	聖旨內開
和尚也里可温先生答失蠻每	僧景道回等
不揀甚麽差發休當（或著）者	蠲免一切差發
告天祝壽者	惟事告天祝壽

麼道有來麼道道來宣諭的有來	等語 業經宣諭在前
如今也依着在先聖旨體例裏	今依已降聖旨
不揀甚麼云云	蠲免云云
麼道等等	等語
某路州縣某寺觀	同
爲頭和尚先生每	該寺觀主等
執把行的聖旨與了也	將此聖旨與之
這的每寺院宮觀房舍	所有寺院宮觀房舍
使臣休安下者	使臣勿得於內安下
鋪馬祇應休拿者	勿取鋪馬祇應

商稅地稅休與者	蠲免商稅地稅
但屬寺院宮觀田地等等	同
不揀甚麼不以是誰休倚氣力者休奪要者	所有諸物無論何人不得強行侵奪
更這和尙(或先生)每說有聖旨麼道	而該僧(或道)等亦不得恃有聖旨等語
無體例的勾當休做者	非理妄行
聖旨俺的	欽此
豬兒年月日	〇亥年月日
大都有時分寫來	寫於北京

一　泰定登極詔及追封顏子父母詔

（１）一三二四年泰定帝登極詔〔元史卷二十九〕

至治三年八月。鐵失等弒英宗碩德八剌(Schodibala)。也孫鐵木耳（Yissun Temur）即皇帝位於龍居河。〔今克魯倫（Kerulen）河〕大赦天下。詔曰。

薛禪皇帝〔(Setsen khan)按即世祖忽必烈(Kubilai)〕可憐見嫡孫裕宗皇帝〔按即世祖次子眞金(Tchinkim)〕長子。我仁慈甘麻剌(Kamala)。爺爺〔指世祖〕根底〔按元時白話公文中此二字常見。揆其語意。似指本身。法國學者疑此語本於突厥語之 kendi。此言自己。意亦同也。但余以本於當時俚語。突厥之說過於鑿空〕。封授晉王。統領成吉思(Tchinghis)皇帝〔太祖〕四個大斡耳朶。〔按即 ordo 之對音。長春眞人西游記作窩里朶。漢語行宮也。〕及軍馬達達。〔韃靼指蒙古。〕國土都付來。依著薛禪皇帝聖旨。小心謹愼。但凡軍馬人民的。不揀甚麽勾當裏遵守正道行來的上頭。〔此處上頭二字似與公文等因二字意同〕。數年之間。百姓得安業在後完者都（Euldjaitu）皇帝〔按卽眞金第三子成宗鐵木耳（Temur）〕教我繼承位次大斡耳朶裏委付了來。已委付了的大營盤看守著。扶立了兩個哥哥。〔按卽成宗二子武宗仁宗〕曲律（Kuluk）皇帝。〔武宗〕普顏篤（Buyantu）〔仁宗〕皇帝。姪碩德八剌皇帝。〔英宗〕我累朝皇帝根底。不謀異心。不圖位次。依本分與國家出氣力行來。諸王哥哥兄弟每。〔今日白話之們〕衆百姓每。也都理會的也者。今我的姪皇帝生天了也。麽道。〔猶言如此說〕迤南諸王大臣軍士的諸王駙馬臣僚達達百姓每。衆人商量著。大位次不宜久虛。惟我是薛禪皇帝嫡派。裕宗皇帝長孫。大位次裏合坐地的體例有。〔按元代白話公文。動詞有字常在語尾〕。其餘爭立的哥哥兄弟也無有。這般晏駕其間。〔言英宗之被弒也〕比及整治以來。人心難測。直安撫百姓。使天下人心得寧。早就這裏卽位。提說上頭。〔自商量著至此爲臣民勸進語〕從著衆人的心。九月初四日。於成吉思皇帝的大斡耳朶裏大位次裏坐了也。交衆百姓每安心的上頭。赦書行有。

山東曲阜鄒縣等地。元代詔旨皆文言化。惟元統二年〔一三三四〕追贈顏子父母詔旨一道。獨爲白話文。石刻今在曲阜。其文如下。

（２）一三三四年追封顏子父母詔

元統二年正月二十六日。篤憐帖木兒(Tureng Temur)怯薛〔其考見後〕第二日。延春閣後咸寧殿裏有時分。速古兒赤(sugurtchi)〔元史語解卷八云此言掌織〕馬扎兒台大夫羅鍋(Lobkho)。汪家奴寶兒赤怯薛官篤憐帖木兒云都赤〔亦作溫都赤皆爲 ildutchi 之對音。輟耕錄卷一云執骨朵佩環刀之近衛也〕。別不花(Bai Bukha)〔元史別亦作伯。一作拜〕殿中喃忽里(Nagur)等有來。〔猶言在場〕伯顏(Badjan)太師秦王右丞相。撒敦答剌罕(-tarquan)榮王太傅左丞相一處商量了。阿昔兒答剌罕(Azar tarquan)。平章闊兒吉思(Gir Jisu)。平章沙班(Chibau)。郎中塔海忽都魯(Takai Khutuk)。員外郎完者都(Euldjaitu)〔元史亦作完者圖完者禿桓者篤桓澤都諸名〕。都事客省使帖木兒(Temur)。直省舍人羅里伯顏察兒。蒙古必闍赤(Bitketchi)〔猶言書記〕帖里〔元史亦作帖理一作迭里〕帖木兒（Teri Temur）等。奏過事內一件。禮部官備着襲封衍聖公文書。俺根底與文書。顏子根底與了兗國公名分。他的父母并妻未加追封。依孔子孟子父母的例。顏子的父母根底。封謚的麽道與文書的上頭。俺教禮部并太常禮儀院。一同定擬得。顏子的父無繇加封杞國公。謚文裕。齊國姜氏封杞國夫人。謚端獻。妻宋國戴氏封兗國夫人。謚貞素。定擬了有。依他每定擬來的教行呵。怎生奏呵。奉聖旨那般者。〔猶言依議〕二十八日教火者賽罕〔人名〕皇太后根底啓呵。奉懿旨那般者。

二　關於釋道二教辯爭之白話聖旨

此事發端於元太祖優待長春眞人丘處機。一二二二年四月。八月。處機兩謁太祖於大雪山(Hindu-kush)。次年三月降詔蠲免處機應有院舍及道士賦稅。同年九月又降詔。使之管理天下出家善人。兩詔均見李志常撰長春眞人西遊記。山東濰縣玉淸宮有石刻。其文如左。

（3）一二二三年三月聖旨

成吉思皇帝聖旨。道與諸處官員每。丘神仙應有底修行院舍等。係逐日念誦經文告天底人每。與皇帝祝壽萬萬歲者。所據大小差發賦稅。都休教著者。據丘神仙底應係出家門人等。隨處院舍都教免了差發稅賦者。其外詐推（冒充也）出家影占差發底人每。告到官司治罪斷案主者奉到如此。不得違錯。須至給照用者。右付神仙門下收執。照使所據神仙應係出家門人。精嚴住持院子底人等。並免差發稅賦。准此。癸未羊兒年三月日。

（4）一二二三年九月聖旨

宣差阿里鮮〔前派遣迎送處機之人〕面奉成吉思皇帝聖旨。丘神仙奏知來底公事。是也煞好。我前時已有聖旨文字與你來。教你天下應有底出家善人教管著者。好的歹的。丘神仙你就便理。合只你識者。奉到如此。癸未年九月二十四日。

按一二二三年聖旨。山東濰縣城北玉淸宮有勒文。同一石上。又勒有下一碑文。

（5）一二三五年聖旨

皇帝聖旨。道與淸和眞人尹志平。〔按丘處機沒於一二二七年。志平繼之管理道教。事見元史卷二百〇二〕仙孔八合識〔疑爲職銜〕李志常我於合喇和林（Karakorum）蓋觀院來。你每揀選德行淸高道人。教就來告天住持。仰所在去處齋發遞送來者。准此。乙未年七月初九日。

關於丘處機事。除見西遊記外。輟耕錄尚有二文。茲以非白話體。故不錄。

當時道教旣受元朝之優待。又命管理「天下應有底出家人」則其權勢之重可知。故祥邁撰辯僞錄卷四云。「獨免丘公門人科役。不及僧人及餘道衆。古無體例之事。恣欲施行。」「回至宣德等州。屈僧人迎拜。後至燕城。左右鼓獎。恃力侵占。使道徒王伯平騶從數十。懸牌出入。馳躍諸州。便欲通管僧尼。」毀夫子廟。毀佛像。占梵刹四百八十二所。則其專橫可知也。至一二五一年。始命人分掌二教。據元史卷三。憲宗元年。以僧海雲掌釋教事。以道士李眞常（按李志常號眞常子。此是志常之訛。）掌道教事。次年又以西域僧那摩爲國師。總天下釋教。釋教既有奧援。由是與道教爭端遂起。先是元朝對於諸教。悉皆容納。常於帝前開會辯論。一二五四年五月三十日（陽曆）基督教師盧布魯克（Rubruck）曾在和林共景教師一人。回教師一人。合駁道人（tuinan）（卽蒙古語之 doin 僧也）主張一神之說。次日蒙哥汗（Mangu）（憲宗）告盧曰。「吾人惟信一神。神予人多道。亦猶予人手多指。」此語與辯僞錄卷四所記「帝時舉手而諭之曰。譬如五指皆從掌出。佛門如掌。餘皆如指。」之說相類。一二五五年又召少林長老及道士李志常於大內萬安閣下辯論。志常詞屈。由是降詔禁止毀壞佛像並僞造經文。

（6）一二五五年聖旨（見辯僞錄卷四）

那摩大師少林長老奏來。先生〔按元代稱道士爲先生。僧爲和尙。〕毀壞了釋迦牟尼佛底經教。做出假經來有。毀壞了釋迦牟尼佛底聖像。塑著老君來有。把釋迦牟尼佛塑在老君下面坐有。共李眞人一處對證問來。李眞人道。我並不理會得來。今委布只兒〔此處似脫爲頭二字〕衆斷事官。〔猶言委布只兒爲斷事官長也〕那造假經人及印板本不揀是誰根的〔卽根底〕有呵。與對證過。若實新造此說謊經。分付那摩大師者。那造假經底先生。布只兒爲頭衆斷事官一處當面對證倒時。決斷罪過。要輕重那摩大師識者。又毀壞釋迦佛像及觀音像。改塑李老君底。卻教那先生依前舊塑釋迦觀音之像。改塑功了。卻分付與和尙每者。那壞佛的先生。依理要罪過者。斷事官前立下證見。交那摩大師識者。若是和尙每壞了老子塑著佛像。亦依前體例要罪過者。卽乙卯年九月二十九日君腦兒裏行此聖旨。

按馬可波羅（Marco Polo）遊記有 shinshin。大食人拉史烏丁（Rasid ud-din）撰述有(senching-ud)。皆先生之對音也。

一二五六年七月十六。又集釋教諸長老與諸道士等對辯於鶻林（Karakorum）之南昔剌

(Sira)〔此言黃〕行宮道士叉屈。一二五八年。乃降詔焚燒僞經。刮刷碑幢壁畫。退還寺院。

（7）一二五八年聖旨〔見辯僞錄卷五〕

今上皇帝〔按卽忽必烈。時尙未卽位。或係追述之稱。〕乃降聖旨曰。依著蒙哥皇帝斷來聖旨。先前少林長老告稱。李眞人爲頭先生雕造下說謊底文書。化胡經。十異九迷論。復淳化論。明眞辯僞論。辯正謗道釋經。辟邪歸正議。八十一化圖。上欽奉聖旨倚付將來。俺每拘集至和尙先生對面持論過。爲先生每根脚說謊。上將和尙指說出來底說謊化胡經。衆多文書。幷刻下板燒毀了者。這般斷了。也恐別人搜刷不盡。卻教張眞人自行差人各處追取上件經文板木。限兩個月赴燕京聚集燒毀了者。及依著這說謊文書轉刻到碑幢幷塑畫壁上。有底省會隨處先生就便磨壞了者。刮刷了者。先生不得隱藏者。若有隱藏的。或人告首出來。那先生有大罪過者。時戊午年七月十一日行。

（8）一二五八年令旨〔見辯僞錄卷三〕

長生天底氣力裏。蒙哥皇帝福廕裏。薛禪皇帝〔世祖〕潛龍時令旨。道與漢兒州城達魯花赤。

〔華言掌印官蒙古語作 darugha〕。管民官。僧官。僧衆。道官。道衆。人等。據少林長老告稱。蒙哥皇帝聖旨裏委付布只兒爲頭斷事官。斷定隨路合退先生住寺院地面三十七處。卻有李眞人差人詐傳蒙哥皇帝聖旨。一面奪要了來。這言語問得承伏了。是李眞人差人詐傳的上頭。如今只依先前的聖旨委付布只兒爲頭斷事官元斷定三十七處地面。教分付與少林長老去也。准此。至元戊午年七月十一日開平府〔上都〕行。

（9）一二六一年聖旨〔見辯僞錄卷二〕

長生天氣力裏皇帝〔世祖〕聖旨宣撫司每根底。城子裏村子裏達魯花赤每根底。官人每根底。張眞人爲頭兒先生每根底宣諭的聖旨。馬兒年〔一二五八年〕和尚先生每持論經文。問倒先生每的上頭。十七個先生每根底。教做了和尚也。已前屬和尚每底。先生每占了的四百八十二處寺院。內二百三十七處寺院并田地水土產業。和尚根底回與也。麽道。張眞人爲頭兒先生每。退狀文字與了來。又先生每說謊做來的化胡經等文字印板。教燒了者。石碑上有底。不揀甚麽上頭寫着底文字有呵。盡都毀壞了者。麽道來。又已前先生每三教裏釋迦牟尼佛的聖像。

當中間裏塑著有老君孔夫子的相貌。左右兩邊塑著有來。如今先生每把已前體例撤了。釋迦牟尼佛的聖像下頭塑著有。麽道這般說有依着已前三教體例裏做者。釋迦牟尼佛的聖像下頭塑有呵。改正了者。麽道斷了來。如今少林長老爲頭兒和尙每奏告。教回與來的寺院內一半不曾回與了的。卻再爭有又說謊做來的化胡經等文字印板。一半不曾燒了有。三教也不依著已前體例裏做有。麽道這言語是實那是虛。眞的這的每（猶言這些人們）言語一般呵。一般斷了者。別了（猶言違了）呵。怎生行的。依著已前斷了的內不曾回與來的寺院有呵。但屬寺家的田地水土產業。回與了者。說謊做來的化胡經文書印板。不曾毀壞了的有呵。毀壞了者。三教也依著已前的體例裏做者。俺每的這聖旨這宣諭了呵。已前斷了的言語別了呵。寺院的田地不回與呵。爭底人有呵。斷按打奚罪過者。（猶言治罪也）又這和尙每有聖旨麽道。已前斷了的已外。不屬自己的寺院田地水土爭呵。不怕罪過那甚麽。（猶言難道不怕犯罪麽）聖旨俺每的。雞兒年（辛酉）六月二十八日。開平府有的時分寫來。

右一詔書語多難解。與下一詔書對照。其意自明。此詔勒於蔚縣浮圖村玉泉寺碑。其碑不知今尙存否。玆據蔚州志卷九轉錄如下。有○處。蓋闕文也。

（10）一二八〇年蔚州玉泉寺聖旨碑

長生天氣力大福護助裏皇帝聖旨。宣慰你（似爲使之訛）每根底。城子村子裏達魯花赤每根底。官人每每根底。祁眞人○（此處應闕爲字）頭先生每根底。○○○（此處似無闕文州志有誤）宣諭底聖旨。馬兒年（戊午）和尙與先生每對證佛修。贏了先生每。上頭將一十七個先生每剃了頭。交（猶言教）做了和尙。○（此處應闕已字）前屬和尙每底。先生每占了四百八十二處寺院內將二百三十七處寺院並田地水土。一處回付與和尙每者。麼道。眞人爲頭先生每。與了迅○（上二字應爲退狀迅字誤）文書來。更將先生每說謊捏合來底文書根底。（猶言本書）並卽將文書底板燒了者。石碑上不揀甚麼上。他每鐫來底寫來底。都交毀壞了者。麼道。更有在前先生每三教裏釋迦牟尼佛係當中間安直。老君底孔夫子底像。左右安直。自來如此。今先生每別了在先體例。釋迦牟尼佛在下安直者。麼道說來底上頭。依自在前三教體例安直者。若有釋迦牟尼佛次下安直來底。着呵毀了者。麼道。已斷○。如今總統每和尙每寸

〔此字誤〕奏。有那回與來底寺院內一半不曾回付。已回付了底再爭有。更說謊捏合來底經文每。印板每一半不曾燒了。三教也不依在前體例安直者。麼道言語每是○那○。若是這底言語○實呵。一遍經斷了底了。怎生宜。只依在前斷定底。不曾回付來底寺院。并屬寺家底田地水土。一處回付與。將說謊捏合來底經文并印板。不曾燒毀了底。交毀壞了者。更將三教依在前體例。俺底這聖旨。這般宣諭了。別了在前斷定言語。寺院並田地水土不肯回與。相爭底人每有罪過者。更和尚每俺有聖旨麼道。在前斷定底。別做呵不干自己的寺院田地水土爭呵。他每不怕那。不有罪過那甚麼。聖旨俺底。至元十七年二月二十五日大都〔北京〕酉〔按以前例。諸文皆作有。此處誤〕。時分寫來。

碑陰鐫有道士閻志進狀。

（11）一二八一年聖旨〔見辯偽錄卷三。並見佛祖歷代通載〕。

長生天氣力裏。大福蔭護助裏。皇帝聖旨。道與中書省。樞密院。御史臺。隨路宣慰司。按察司。達魯花赤。管民官。管軍站人匠等官。并衆先生每。在前蒙哥皇帝聖旨裏。戊午年和尚先生每折證佛法。先生每輸了底上頭。教十七個先生剃頭做了和尚。更將先生每說謊做來的化胡等經。幷印板。都燒毀了者。隨路觀院裏畫著底。石碑上鐫着底。八十一化圖。盡行燒毀壞了者。麽道來。如今都功德使司奏。隨路先生每將合毀底經文幷印板至今藏着。卻不曾毀了。更保定眞定太原平陽河中府王祖師庵頭關西等處。有道藏經板。這般奏的上頭。教張平章。張右丞。焦尚書。泉總統。忽都于思。翰林院衆學士。中書省客省使都。〔按辯僞錄卷六及本文後皆有中書省客省使都魯。此處似脫魯字。〕中書省宣使苦速丁淵。僧錄眞藏。僧判。衆講主長老等。張天師〔宗演〕祁眞人〔志誠〕李眞人〔德和〕杜眞人〔福春〕衆先生每。一同於長春宮內分揀去來。如今張平章等衆人每迴奏。這先生家藏經。除道德經是老君眞實經旨。其餘皆後人造作演說。多有詆毀釋教。偷竊佛語。更有收入陰陽醫藥諸子等書。往往改易名號。傳注訛舛。失其本眞。僞造符咒。妄言佩之令人商賈倍利。夫妻和合。有如鴛鴦。子嗣蕃息。男壽女貞。誑惑萬民。非止一端。意欲貪圖財利。誘說妻女。至有教人非妄。佩符在臂。男爲君相。女爲后妃。入水不溺。入火不焚。刀劍不能傷害等。及令張天師祁眞人李眞人杜眞人試之於火。皆求哀請命。自稱僞妄。不敢試驗。今議得除老子道德經外。隨路但有道藏說謊經文。幷印板。盡宜焚去。又據祁眞人李眞人杜眞人等奏告。據道藏經內。除老子道德經外。俱係後人捏合不實文字。情願盡行燒毀了。俺也乾淨准奏。今後先生每依著老子道德經裏行者。如有愛佛經底做和尚去者。若不爲僧道娶妻爲民者。除道德經外。說謊做來底道藏經文。幷印板。盡行燒毀了者。今差諸路釋教泉總統。中書省客省使都魯前去。聖旨到日。不問是何官吏先生道姑秀才軍民人匠鷹房打捕諸色人等。應有收藏道家一切經文。本處達魯花赤管民官。添氣力用心拘刷。見數分付與差去官眼同焚毀。更觀院裏畫著底石碑上鐫著底八十一化圖。盡行除毀了者。自宣諭已後。如有隨處隱匿道家一切說謊捏合。謗釋教。偸竊佛言。窺圖財利。誘說妻女。如此誑惑百姓符咒文字。及道家大小諸般經文。若所在官司不添氣力拘刷。與隱藏之人一體要罪過者。外民間諸子醫藥等文書。自有板本。不在禁限。准此。　至元十八年十月二十日。

據右引諸白話公文。可見當時釋道二教排擠之烈。辯僞錄卷四云。「今先生言道門最高。秀才人言儒門第一。迭屑人奉彌失訶言得生天。達失蠻叫天賜與」又可見各教之自己標榜迭屑之名。

并見長春眞人西遊記。景教流行中國碑作達娑。通考作特（亦作忒）爾撒。皆爲波斯語 tersa 基督教信徒之稱。彌失訶景教碑作彌施訶。貞元續訂釋教錄般若（Prajna）傳作彌尸訶。皆爲 Messiah 之對音。此言救世主。迭屑應爲基督教之景教（Nestorianisme）一派。當時景教徒亦號也里可溫。卽阿松（d'Ohsson）氏蒙古史引大食人拉史烏丁（Rasid ud-din）撰述中之 arkaoun。亞美尼（Armenia）史家所稱之 ark'haïoun。是已。蒙古語作 erkheoun。達失蠻與元史類編譯名同。元史亦作達實密。長春眞人西遊記作大石馬。皆爲波斯語 danishmend 之對音。此言博士。回教徒自稱爲 mollah。元代多以教師之名名其教。如先生和尙皆斯類也。辯僞錄卷四列擧當時道衆侵占文廟佛寺山林古蹟之事。謂「如此等例略有數百」。則當時所佔者不止佛寺也。中有「混源西道院。本崇福寺。道士占訖」之語。按元時也里可溫立堂傳教。皆以寺名。觀至順鎭江志諸寺名可以知之。元史卷八十九百官志曰。「崇福司秩三品。掌領馬兒哈昔列班也里可溫十字寺祭享等事」。「延祐二年（一三一五）改爲院。置領院事一員。省倂天下也里可溫掌教司七十二所。悉以其事歸之。七年（一三二〇）復爲司」。按馬兒（Mar）此言主也哈昔（Jesua）即耶穌。列班（Rabbana）即長老。也里可溫（erkeoun）即景教。業經俄國學者巴拉久司（Palladius）考訂明確。此崇福寺疑即一三一五年所省併七十二掌教司之一。則當時道徒亦曾欺凌景衆矣。元典章卷三十三載大德八年〔一三〇四〕也里可溫「於祝聖處祈禱去處。必欲班立於先生之上。動致爭競。將先生人等毆打。」則道徒景衆亦曾相爭矣。

三　保護道教之白話公文

道教雖因辯論而失敗。然元朝保護道教宮觀之白話碑。晚至一三三七年。尚見有之。玆依時代之先後。錄次於後。

下一文爲一二五二年道教眞人李志常給安邑縣長春觀劄。刻石現存本觀。字爲行書。據山右石刻叢編卷二十四轉錄於下。

（12）一二五二年山西安邑長春觀道教眞人劄

蒙哥皇帝聖旨裏。宣諭倚付漢兒田地裏應爲底〔猶言應有底〕先生每底那延眞人。〔按卽李志常。那延（noyan）此云首領也〕懸帶御前金牌。欽奉蒙哥皇帝御寶聖旨揀數勾當等事。除欽依外。據解州安邑縣長春觀寧志榮馬志全先於壬寅年〔一二四二年〕獻到葡萄園七十畝。充御用菓木。爲此以曾行下本觀看守去訖。今來須合再下仰本觀李志玉等。將前項葡萄園子務要在意看守。精懃起架。勿令分毫怠墮荒廢。惟恐有誤御用菓木。利害非輕。如至熟日。須官盡數製造乾圓。秤盤數目。前去平陽府計○送錄院起發前來長春宮送納。准備○獻。仍仰隨處達魯花赤管民官員人等。照依欽奉皇帝御寶聖旨內節扶先生○大小差發。地稅商稅鋪馬都休與者。他每有應遮廢甚麽〔猶言無論何物〕休強爭奪要者。那上頭與聖旨來。如有違犯之人。具姓名申來。以依故違聖旨治罪施行。不得違滯。須至劄付者。

右下李志玉等准此。　壬子年四月二十七日立。

按安邑貢葡萄酒事。元史誌之卷四云。中統二年〔一二六一年〕六月乙卯。「敕平陽路安邑縣葡萄酒自今勿貢」。但卷十八又云。元貞二年〔一二九六年〕三月壬申。「罷太原平陽路釀進葡萄酒。其葡萄園民恃爲業者皆還之」。則世祖時雖令勿貢。成宗時尚有貢者。具見此事之擾民也。

下二文同勒一碑。碑在山西平遙縣清虛觀。山右石刻叢編卷二十四均著錄。

（13）一二五二年山西平遙清虛觀道教眞人給文〔下方〕

蒙哥皇帝聖旨裏。宣諭倚付漢兒田地裏應有底先生每底官人〔按前文譯音作那延。此處譯義作官人〕。李眞人懸帶御前金牌。欽奉蒙哥皇帝御寶聖旨。揀數勾當等事。除欽依外。據太原府平遙縣太平崇聖宮提領燕志靜狀告。〇〇今年六月內。蒙掌教宗師法旨。該清和大宗師〔按卽尹志平〕法旨。自燕京令道衆前來重修太平崇聖宮幷張趙下院。玉清觀住持勾當道司將本宮幷下院一切差使已行除免外。若不呈告。誠恐已後別無執憑。乞詳酌出給文字事。得此文狀。除別行外。已將本宮幷下院差事行下道司免除去訖。仍仰本宮道衆照依前項清和大宗師法旨。在意與修住持勾當。所有執照。須至出給者。

右給付平遙縣太平崇聖宮收執照用。准此。　壬子年七月初五日。

（14）一二五三年山西平遙清虛觀道教眞人給文〔上方〕

蒙哥皇帝聖旨裏。宣諭倚付漢地先生頭兒那延李眞人。懸帶御前金牌。掌管教門事。照得欽奉到蒙哥皇帝御寶聖旨節文。漢兒田地裏應有底先生每都教李眞人識者。除欽依外。今據太原府路平遙縣太平崇聖宮提點李志端狀告。伏爲本宮自唐朝以來。有元住道士薛守玄重修與建。額曰太平觀。後至宋朝元祐年間。改爲淸虛觀。今自大朝興國以來爲本宮。兵革之後。殿宇房屋全無損壞。因此有本縣長官梁瑜并萬戶梁瑛等。經詣本府。乞改名額爲太平興國觀。各有已立碑記。近蒙掌教大宗師眞人師父。再更爲太平崇聖宮名〇志端依奉。已於壬子年七月十五日安置牌額懸挂了。當在手別無文面。乞給賜憑驗事。得此文狀。爲此取覆過。奉掌教大宗師眞人師父法旨前來。已曾親書太平崇聖宮名額付下去來。今旣已建立名牌懸挂外。今准見告事。因合給與公據。付本宮主者。已久照用施行。仍仰提點李志端勸率道衆。依時念經告天祝延聖壽萬安者。以報國恩。無得分毫懈怠。須議出給者。

右給付太平崇聖宮主者准此。　癸丑年正月日。

下一文爲一二五七年河南鹿邑太淸宮海都太子令旨碑。碑文見鹿邑縣志卷十。老子爲苦縣厲鄉曲仁里人。其地卽在鹿邑境內。此宮之古可知。據水經注。漢延熹八年（一六五年）此地有老子廟。據鹿邑縣志卷五。唐高宗時（六六六年），建紫極宮。天寶二載（七四三年）改名太淸宮。以迄於今。此碑下方文已漫漶不可識。下錄旁注小字。乃假定之佚文。不能假定者。以〇代之。

（15）一二五七年河南鹿邑太清宮令旨碑

長生天底氣力裏。蒙哥皇帝福蔭裏海都太子令旨。張元帥〔按元史卷一四七張柔傳。一二五四年。移柔鎮亳州。〕俺根底奏告來。中都〔北京〕城裏住底掌教張眞人。北京〔按卽遼之中京大定府。元爲北京大寧府。在今熱河老河左岸大明城廢址。〕城裏住底張眞人。王眞人。〇〇個根底。亳州有底太清宮裏聖賢〔底宮闕〕。恁每聖賢底大宮闕見壞〇也〇〇〇這般說有。恁四個商議者。大聖賢底宮闕壞〇也。這般上恁根底倚付將去也。張〇〇〇衆先生每尊長。蒙哥皇帝不倚付你來。那〇麽這〇〇〇〇闕修蓋了呵。與蒙哥皇帝根底。幷俺每根底。祝延祈福。不〇恁住持那甚麽〇道與黃河那〇〇〇底把軍官每管民官每達魯花〔赤每來〕往行踏底軍每。聖賢宮闕修蓋〇〇〇休得搔擾者。休得強奪物件者。〔搔擾強〕奪呵。怎生般教修蓋底起。怎生般教〔祝延〕祈福底成就。那底每這令旨聽了已後。搔擾呵將那搔擾〇〇〇元帥於俺根底說來者。那宮闕修蓋〇裏頭教張元帥添氣力護持者。俺每〔底〕文字丁巳年〇月初十日。徹徹里哥剌哈有底時分〔寫〕來。

下一碑亦在鹿邑太清宮。碑文亦載鹿邑縣志卷十。其文已半文言化矣。

（16）一二六一年河南鹿邑太清宮聖旨碑

長生天氣力裏皇帝聖旨。據張眞人奏告亳州太清宮住持道人每。元受令旨。使臣軍馬。宮觀內不得安下。所有栽種樹木。諸人不得採斫。專與皇家告天祝壽。今將元受令旨已行納訖，乞換授事。准奏。仰亳州太清宮道人每照依舊例，宮觀內使臣軍馬不得安下。所有樹木諸人毋得斫伐。不選是何物色。毋得奪要。仍仰張拔都兒〔按卽 batur 之對音。卽滿洲語之巴圖魯。此言勇也〕。常切護持太清宮。令住持道衆更爲精嚴看誦。與皇家子子孫孫告天祝壽者。毋得怠惰。准此。

中統二年四月二十七日。

下二碑文〔十七十八〕勒於一碑之上。碑在陝西韓城縣東北八十里。山西河津縣西北二十五里之神禹廟。其一面勒一二七五年聖旨。下勒漢文。上勒八思巴（Phaga-pa）字母譯漢文音。後一面勒一二七六年聖旨。下勒漢文。上勒八思巴字母寫蒙古語。是爲今日可見八思巴字母蒙古語碑文之最古者。茲二文諸金石志地方志皆未見著錄。原碑在廟側一室之中。室爲漁人所居。卽以此石作爲廚案。法國沙畹教授一九〇七年九月二十二日路經此地見之。曾拓其文。幷囑廟祝保存之。其拓文影載一九〇八年通報。

（17）一二七五年龍門神禹廟聖旨碑

長生天氣力裏。大福蔭護助裏。皇帝聖旨。光宅宮（宮在山西臨汾縣南。見山西通志卷一六八）眞人董若冲繼靖應眞人姜善信。（碑文信字磨滅。考山西通志卷一六四知其人名善信）在平陽路榮河臨汾縣。起蓋后土堯廟及於河解（按元時龍門隸河津。八思巴音譯亦作河津。此河解應是撰文者或書石者之誤）。洪洞趙城修理伏羲媧皇舜禹湯河瀆等廟宇。仰董若冲凡事照依累降聖旨依舊管領行者。仍仰本路官司常加護持。禁約諸人毋得沮壞。及使臣軍馬人等不得安下搔擾。准此。　至元十二年二月日。提點成若安立石。

按元史卷二〇二八思巴傳。中統元年（一二六〇）世祖命製蒙古新字。至元六年（一二六九）詔頒行於天下。詔曰。「我國家肇基朔方。俗尚簡古。未遑制作。凡施用文字。因用漢楷及輝和爾（卽唐之回紇迴鶻（Uïgur）之異譯）字。以達本朝之言。考諸遼金及遐方諸國。例各有字。今文治寢與。而字書有闕。於制爲未備。故特命國師八思巴創爲蒙古新字。譯寫一切文字。期於順言達事而已。今後凡有璽書頒降者。並用蒙古新字。仍各以其國字副之。」又卷四世祖本紀。至元六年〔一二六九〕二月己丑。「詔以新製蒙古字頒行天下。」又卷七世祖本紀。至元九年〔一二七二〕七月壬午。「和禮霍孫奏蒙古字設國子學。而漢官子弟未有學者。及官府文移猶有用畏吾〔卽前之輝和爾〕字。詔自今凡詔令並以蒙古字行。仍遣百官子弟入學。」據上引各條。蒙古字頒行於一二六九年。至一二七二年。官府文移猶有用畏吾字。證以一二七五年碑。可知蒙古字是年雖行。惟用以譯漢字之音。至次年始用以寫蒙古語。〔下條碑文〕元代公文。大約可以此二碑文代表之。其以漢語爲主者。語言尙通順可解。如十六條太淸宮碑。十七條神禹廟碑正面碑文是。以蒙古語爲主者。則白話多。且有多少遷就原文。非注釋則不可解矣。

（18）一二七六年龍門神禹廟蒙漢文令旨碑

長生天氣力裏。皇帝福廕裏。皇子安西王。〔按卽世祖第三子忙哥剌(Mangala)。其名見元史卷一〇七宗室世系表〕令旨。道與管軍官人每。幷軍人每。州城縣鎮達魯花赤官人每。來往行踏的使臣每遍行省○令旨。成吉思皇帝匣罕〔按卽太宗窩闊台（Ogotaï）〕皇帝聖旨裏。和尙。也里克溫。〔卽也里可溫〕先生。達失蠻。地稅商稅不揀甚麼差發休着者。告天祈福者。那般道來。如今照依着在先前聖旨體例。地稅商稅不揀甚麼差發休着者。告天祈福者。那般。這平陽府有的堯廟后土廟禹王廟裏住的姜眞人。替頭裏董眞人交先生每根底。爲頭兒祈福者。那般。收執行踏的令旨與也。這的每宮觀房舍裏使臣每休安下者。鋪馬祇應休要者。田產物業休奪要者。這先生每休倚做沒體例勾當者。沒體例行呵。他每不怕那甚麼。令旨俺的。鼠兒年〔丙子〕正月二十六日。京兆府住時分寫來。

河南安陽〔原彰德府治〕縣西白龍王廟有一碑。上勒聖旨四通。其最下一通。爲追封法師劉道宗聖旨。爲駢文體。餘三通爲白話體。武穆淳撰安陽縣金石錄卷九皆見著錄。茲惟錄其白話聖旨如左。

（19）一二九六年河南安陽白龍王廟聖旨碑（一）

長生天底氣力裏皇帝聖旨。道與隨州城縣鎭村寨達魯花赤每。大小官員每。去的來的使臣每。

已先底聖旨裏脫因。〔按卽蒙古語之doïn。卽道人之對音。蒙古人用以稱僧人者也〕也里克溫（erkheoun）。先生。答失蠻（danishmend）。不揀那個大小差發休着者。天根底禱告祈福祝願者。道來的聖旨體例裏。彰德府咱每的上清正一宮有的李天師爲頭先生每根前。太上老君的道子休別了者。告天與咱每祝願祈福者。爲這般上頭。把着行踏的聖旨與來。這先生每的宮觀房子裏。是他每的。使臣休下者。鋪頭口祗應休要者。地稅商稅休與者。這的每田地水土。不揀是麼東西。揀那阿誰休倚氣力奪要者。這的每休道有御寶聖旨道呵。俺每聖旨根底別個底沒體例勾當休做者。做呵。更不怕那甚麼聖旨。俺每的。　猴兒年〔丙申〕六月十四日。開平府有的時分寫來。

（20）一二九六年河南安陽白龍王廟聖旨碑〔二〕

長生天底氣力裏。大福蔭護助裏。皇帝聖旨。城子裏的達魯花赤每根底。管軍的官人每根的。管民的官人每根的。軍人每根的。過往使臣每根的。民戶根的。宣諭的聖旨。成吉思皇帝。哈罕〔太宗〕。皇帝聖旨裏。和尚。也里可溫。先生。答失蠻等。除地稅商稅。不揀甚麼休當者。告天祈福與者。

莫（前亦作麽）道來。如今依在先聖旨體例裏。除地稅商稅外。不揀甚麽差發休交當者。告天祈福與者。莫道。彰德府有的上清正一宮，洞淵普濟廣德眞人王一清的徒弟。通玄大師文德圭。把着行的聖旨與來。這的每宮觀裏房子裏。使臣休下者。鋪馬祇應休當者。地土園菓水碾解典庫浴房。不揀是麽休奪要者。這先生每有聖旨莫道。沒體例的事休做者。做呵。他不怕那甚麽聖旨。猴兒（丙申）年七月二十八日。上都有的時分寫來。

（21）一二九七年河南安陽白龍王廟聖旨碑（三）

長生天氣力裏。大福廕護助裏。皇帝聖旨。軍官每根的。軍人每根的。城子裏達魯花赤官人每根的。來往的使臣每根的。宣諭的聖旨。成吉思皇帝。哈罕皇帝聖旨裏。和尙。也里可溫。先生。每。不揀甚麽差發休着。告天祈福者。莫道來。如今依先聖旨體例裏。不揀甚麽差發休着告天祈福者。麽道。這彰德府有的勅賜太上清正一宮。住持的純靜抱一輔化眞人文德圭。崇眞源道玄應法師太一（按太一教爲道教之一派。見元史二〇二釋老傳）嗣師劉道眞根的。執把行的聖旨與來。這的每宮觀殿宇裏。他每房舍裏。休下者。鋪馬祇應休與者。田產池沼水土園林碾磨。不揀甚麽他每的休強行奪要者。這的每卻道俺有聖旨莫道。無體例勾當休做者。做呵。他不怕那甚麽。

聖旨俺的。　雞兒〔丁酉〕年二月初一日。柳林裏有時分寫來。

下一碑亦在山西平遙清虛觀。碑文拓本模糊不明。茲據山右石刻叢編卷三十錄其文如左。

（22）一三〇九年山西平遙清虛觀聖旨碑

長生天氣力裏。大福廕護助裏皇帝聖旨。軍官每根底。軍人每根底。城子裏達魯花赤官人每根底。來往的使臣每根底宣諭的聖旨。成吉思皇帝。月哥台〔太宗窩闊台〕皇帝。薛禪〔世祖忽必烈〕皇帝。完澤篤(Euldjaitu)〔成宗鐵木耳〕皇帝聖旨裏。和尚也里可溫先生每。不揀甚麽差發休當。天根底禱告祈福祝壽者。那般這有來。如今依著在先聖旨體例裏。不揀甚差發休當。天根底禱告祈福祝壽者。麽道。於這淵授通玄微如靜照大師冀寧路平遙縣太平崇聖宮住持的本宗提點。通義中和大師本宮提點高道陟。棲遠常妙大師提舉趙道恆。這先生每根底。執把行的聖旨與了也。這的每宮觀每他每的房舍。使臣休安下者。鋪馬祇應休拿者。商稅地稅休與者。但屬宮觀的莊田水土園林碾磨解典庫店倉鋪席浴堂船隻竹葦醋麴貨。不揀甚麽差發休要者。不揀是誰休倚氣力者。不揀甚麽他每的休奪要者。更這的每道有聖旨麽道沒體例的勾當休做者。做呵。他每不怕那聖旨俺的。雞兒〔己酉〕年九月初五日。龍虎臺〔在居庸關南口〕有時分寫來。

下一碑在陝西盩厔大重陽萬壽宮。亦爲蒙漢文兩體碑。蒙文碑文俄法學者皆有譯文。漢文碑文趙崡撰石墨鐫華卷六載之。其文如下。

（23）一三一四年陝西盩厔大重陽萬壽宮聖旨碑

長生天氣力裏。大福廕護助裏。皇帝聖旨。軍官每根底。軍人每根底。管城子達魯花赤官人每根底。往來使臣每根底。宣諭的聖旨。成吉思皇帝。月闊歹〔太宗〕皇帝。薛禪〔世祖〕皇帝。完澤篤〔成宗〕皇帝。曲律〔武宗〕皇帝聖旨裏。和尙也里可溫先生每。不揀甚麽差發休當。告天祝壽者。宣諭的有來。如今也只依在先聖旨體例裏。不揀甚麽差發休當。告天祝壽者。麽道。奉元路大重陽萬壽宮裏。并下院宮觀裏住的先生每根底。執把行的聖旨與了也。這的每宮觀庵廟裏房舍裏。使臣休安下者。鋪馬祇應休着者。稅糧休與者。但屬宮觀裏的水土人口頭疋園林碾磨店舍鋪席典庫浴堂船栰車輛。不揀甚麼他的。更渼陂〔按宋敏求長安志卷十五渼陂在鄠縣北四五里〕甘涝〔按甘峪涝谷皆在盩厔境〕等三處水例甘谷山林。不揀是誰休倚氣力者。休奪要者。這的每卻倚着有聖旨麼道沒體例的勾當休做者。做呵。他每不怕那甚麼聖旨虎兒年〔延祐元年甲寅〕七月二十八日。察罕倉有時分寫來。

按察罕（tchagan）此言白也。法國學者德維利亞（Devéria）在一八九六年亞洲報中（Journal Asiatique）。研究此碑。以爲此地卽北京上都間之察罕諾爾（Tchagan nor）。但余以爲卽張家口外之察罕巴爾哈孫（Tchagan balgasun）。〔華言白城子〕其地卽金之昌州。察罕倉察罕昌音相近也。

下一碑在安陽西四十里善應村儲祥宮。亦爲蒙漢文兩體碑。年月日同前。碑內容亦大同而小異。其漢文安陽金石錄卷十載之。沙畹有拓本。字尚完好。

（24）一三一四年河南安陽善應儲祥宮蒙漢文聖旨碑

長生天氣力裏。大福廕護助裏。皇帝聖旨。軍官每根底。軍人每根底。管城子達魯花赤官人每根底。往來行的使臣每根底。宣諭的聖旨。成吉思皇帝。月古台（太宗）皇帝。薛禪皇帝。完者都（成宗）皇帝。曲律皇帝。聖旨裏。和尙也里可溫。先生每。不揀甚麽差發休著者。告天祝壽者。麽道有來。如今呵。依著在先聖旨體例裏。不揀甚差發休當者。告天祝壽者。彰德路有的善應儲祥宮裏住持的提點。葆和顯眞弘教大師陳道明。彰德路應有的宮觀提調。著行者麽道聖旨與了也。這的每宮觀裏。他每的。房舍裏。使臣休安下者。鋪馬祇應休與者。稅休與者。但屬宮觀的水土園林碾磨店舍鋪席解典庫浴堂。不揀甚他每的。不揀誰休倚氣力者。更這陳道明倚著有聖旨麽道。無體例勾當休做者。做呵。他不怕那甚麽聖旨。　虎兒年（甲寅）七月二十八日。察罕倉有時分寫來。

顧炎武山東考古錄（槐廬叢書本十二十三頁）謂泰山嶽廟有元聖旨碑二。其文極鄙俚可笑。惟錄一三二四年一碑。其一三四四年碑文今已不可見矣。所錄碑文如左。

（25）一三二四年泰山嶽廟聖旨碑

長生天氣力裏。大福廕護助裏皇帝。聖旨。軍官每根底。軍人每根底。管城子達魯花赤官人每根底。來往的使臣每根底宣諭的聖旨。成吉思皇帝。月古台〔太宗〕皇帝。薛禪皇帝。完澤篤皇帝。曲律皇帝。普顏都〔仁宗〕皇帝。格堅(Gueguen)〔英宗〕皇帝。聖旨裏。和尚。也里可溫。先生。達識蠻(danishmend)每不揀甚麼差發休當者。告天祝壽者。麼道有來。如今依着在先聖旨體例裏。不揀甚麼差發休着者。與咱每告天祈福者。麼道。泰安州有的泰山東嶽廟住持提點通義守正淵靖大師張德璘先生每根底。執把行的聖旨與了也。這的每廟宇房院裏。使臣休安下者。鋪馬祇應休拿者。商稅地稅休與者。但屬他們的水土園林碾磨鋪席。不揀甚麼他每的。休倚氣力奪要者。每年燒香的上頭得來的香錢物件。只教先生每收掌者。廟宇損壞了呵。修理整治者。這的每其間裏。不揀是誰。休入來休沮壞者。更這張德璘梁道城的根底聖旨與了也。無體例勾當行呵。他不怕甚麼聖旨。 泰定年鼠兒年〔甲子〕十月二十三日。大都有時分寫來。

下一碑在河南輝縣西五里頤眞宮。碑額有蒙文 djarlik 一字。此言詔旨也。其文如左。

(26) 一三三五年河南輝縣頤眞宮聖旨碑

長生天氣力裏。大福廕護助裏。皇帝聖旨裏。軍官每根底。軍人每根底。管城子達魯花赤官人每根底。往來使臣每根底。宣諭的聖旨。成吉思皇帝。月闊台皇帝。薛禪皇帝。完者都皇帝。曲律皇帝。普顏都皇帝。傑堅〔英宗〕皇帝。護篤圖（Khutuktu）〔明宗〕皇帝。扎牙篤（Djidjagatu）〔文宗〕皇帝。亦憐眞班（Rintchenpal）〔寧宗〕皇帝。聖旨裏。和尚也里可温先生。答失蠻每。不揀甚麼差發休當者。教告天祝壽者。麼道有來。如今依着在先聖旨體例裏。不揀甚麼差發休當者。教俺行告天祝壽者。麼道。衞輝路輝州眞大道〔按眞大道教爲道教之一派。見元史卷二〇二釋老傳〕頤眞宮裏。圓明德政普照大師提點于進全。明眞葆元志道大師法師金圓眞。眞常善應大師提點高眞祐。爲頭兒先生每根底。執把行的聖旨與了也。這的宮裏房子他的。使臣休安下者。鋪馬祗應休拿者。稅糧課程休與者。但屬宮家的。水土人口頭疋園林碾磨店舍鋪席解典庫浴堂船隻竹葦等。不揀是甚休當者。不揀是甚他的。不以是誰休倚氣力奪要者。道來。更這于進全提調衆先生每根底。聖旨裏○了。沒體例的勾當休做者。做呵。他更不怕那。聖旨俺的。

元統三年豬兒年八月二十七日。忽○禿因納堡裏。有時分寫來。

下一碑在湖北均州西南百二十里武當山萬壽宮。其文見均州志卷十五。

（27）一三三七年湖北均州武當山五龍靈應萬壽宮聖旨碑

長生天氣力裏。大福廕護助裏。皇帝聖旨。軍官每根底。軍人每根底。城子裏達魯花赤官人每根底。來往的使臣每根底。宣諭的聖旨。成吉思（太祖）皇帝。月闊台（太宗）皇帝。薛禪（世祖）皇帝。完者都（成宗）皇帝。曲律（武宗）皇帝。普顏都（仁宗）皇帝。傑堅（英宗）皇帝。忽都篤（明宗）皇帝。扎牙篤（文宗）皇帝。亦憐眞班（寧宗）皇帝聖旨裏。和尚。也里可溫。先生。答失蠻。不揀甚麼差發休當者。與告天祈福者。道有。依着在先聖旨體例裏。不揀甚麼差發休當。告天與咱每祈福祝壽者。麼道。襄陽路均州有的福地。武當山大五龍靈應萬壽宮裏。有的甲乙住持主領宮事。兼領本路諸宮觀事。教門高士崇玄冲遠法師邵明庚。住持提點教門高士通玄靈應明德法師李明良。爲頭兒先生每根底。執把行的聖旨與了也。這的每宮觀裏房舍裏。他每的。使臣休安下者。鋪馬祇應休拿者。商稅地稅休與者。但屬這宮觀裏的莊佃田地水土碾磨。解典庫店舍鋪席浴堂船隻竹葦醋麴等。不揀甚麼差發休要者。更這蒿口。蒿坪。梅溪。雙谷。白浪。本堰等處村子裏。有的田地水土。不揀甚麼物件。不以是誰休倚氣力者。休奪要者。更這先生每有聖旨麽道。無體例的勾當做呵。他每更不怕那。至元三年牛兒年（丁丑）三月二十日。大都有時分寫來。

四　保護釋教之白話公文

保護釋教之公文。不及道教之多。元代崇帝師西僧之受優遇。倚勢專橫。元史八思巴傳（卷二〇二）誌之甚詳。則當時僧人自有其護符。與道教不可同日語。保護公文較少之原因。或在此也。茲將可考者。依時代之先後。錄次於下。

下一碑在山西永濟縣中條山棲巖寺。其文山右石刻叢編卷二十九載之。

（28）一三〇五年山西永濟中條山棲巖寺聖旨碑

長生天氣力裏。大福廕護助裏皇帝聖旨。管軍官人每根底。軍人每根底。管城子的達魯花赤官人每根底。過往使臣每根底。宣諭的聖旨。成吉思皇帝。月哥臺皇帝。薛禪皇帝。聖旨裏。和尚每也里可溫。先生每。不揀甚麽差發休當者。告天祝壽者。道來。如今依在先聖旨體例裏。不揀甚麽差發休當，告天祝壽者。麽道。河中府有的棲巖寺住持的定長老根底。欽賫着行的聖旨與了也。這每的寺院裏房舍裏。使臣每休安下者。鋪馬祇應休當者。稅糧休與者。但屬寺家的水土園林磨房店舍鋪席解典庫浴堂竹園。不揀甚麼他每根底休拿要者。這定長老卻倚着有聖旨麼道。無體例的勾當休做者。若做呵。他不怕那甚麼聖旨俺的。　虎兒年（壬寅一三〇二）八月二十四日。上都有時分寫來。　大德九年（一三〇五）二月二十五日。監寺僧懷能立石。匠人古舜賀直刊。

下一碑在山東長淸縣靈巖寺。其文見岱覽卷二十六。內容不盡白話。因其別具一格。故錄之以見元代公文格式。

（29）一三〇六年山東長淸靈巖寺下院榜示

皇帝聖旨裏。帝師下諸路釋教都總統所。據泰安州靈巖寺監寺僧思川狀告。有長淸縣南一鄉淨然神寶寺係靈巖寺下院。時常有一等不畏公法僧俗人等。往往於寺家山場內置立炭窰。斫伐樹木。損壞常住產業。久而荒廢。搔擾僧衆。有礙念經告天祝延聖壽祈福等事。乞詳狀禁治事。得此。會驗。欽奉聖旨節該。寺院房舍裏。使臣休安下者。鋪馬祇應休著者。稅糧商稅休要者。但有屬寺院底地土園林碾磨店鋪解典庫。不揀甚麼休奪要者。欽此。今據見告總所合行出榜省諭諸人。欽依聖旨事意。如有違犯之人。仰所在官司就便痛行治罪施行。須議榜示者。大德十年歲

次丙午四月八日。靈巖禪寺山門監寺思川等立。

下一文爲哈剌章大理崇聖寺聖旨碑。其年月爲豬兒年閏七月初五。按碑中所列帝名。最末者爲武宗曲律。此豬兒年必爲至大四年（一三一一）辛亥。若爲英宗至治三年癸亥。則末一帝名應有仁宗普顏都。按元史卷二十三。至大四年春正月庚辰帝崩。閏七月丙午。祔於太廟。是年適有閏七月。則此碑確爲一三一一年物矣。碑中所謂哈剌章。蓋指烏蠻。元史卷一二一兀良合台（Uriankada i）傳云「察罕章（Tchagandjang）蓋白蠻也」「合剌章（Karadjang）蓋烏蠻也」「烏蠻所都押赤城際滇池。三面皆水。」元史之「章」應爲「爨」之譯音。察罕此言白。合剌此言黑。茲二種。即唐書卷二二二下之烏爨白爨。馬可波羅遊記有 Carajan 即合剌章之對音。亦云都押赤（Yachi）。其地即今之雲南省會。馬可波羅又云「大理爲合剌章之別都」。故此碑云「哈剌章有的大理崇聖寺。」元時烏蠻據大理。白蠻據麗江。（元史類編卷二十）皆玀玀種也。

此外復有僰。今訛而稱爲擺夷。亦居雲南。僰自稱爲「六歹」(Luk Tai)。猶言「歹(Tai)子。」大理段氏卽屬此種。元史卷一六六之信苴日。卽大理國之王族。亦名段實。玆因考證合剌章一名。尋出譯名之原名若干。附錄於此。信苴日傳之摩訶羅嵯。卽梵文之 Maharaja。此言大王。此名史書中異譯不少。可證當時大理已梵化矣。同傳一二七四年爲雲南行省平章政事之塞典赤。元史卷一二五有傳。爲一二一一至一二七九年間人。其原名據拉史烏丁(Rasid ud-din)之書。爲 Sayid-edjell。布哈爾(Bokhara)人。本傳謂爲回回人。蓋汎指一切西域人也。又謂其人爲別庵伯爾之裔。按別庵伯爾卽波斯語 Peighember 之對音。穆罕默德之別號。此言天使也。中國載籍中異譯亦多。賽典赤之子納速剌丁。原名爲 Nasr ud-din。馬可波羅游記亦見著錄。其父子皆與合剌章與有關係。此碑建立時代。距納速剌丁去雲南時僅二十二年。

（30）一三一一年雲南大理崇聖寺聖旨碑

長生天氣力裏。大福廕護助裏皇帝聖旨。軍官每根底。軍人每根底。管城子達魯花赤官人每根底。來往使臣每根底。宣諭的聖旨。成吉思皇帝。月吉歹皇帝。薛禪皇帝。完澤篤皇帝。曲律皇帝。聖旨裏。和尙也里可温。先生。不揀甚麽差發休著者。告天祝壽者。道來。如今依在先聖旨體例裏。不揀甚麽差發休著者。告天祝壽者。麽道。哈剌章有的大理崇聖寺裏有的釋覺性釋主通和尙根底。執把的聖旨與了也。這的每的寺院房舍使臣休安下者。鋪馬祗應休與者。稅糧休與者。但屬寺家的產業園林碾磨店鋪席浴房人口頭疋。不揀甚麽休奪要者。更這和尙每擬著有聖旨麽道。無體例的勾當休做者。若做呵。不怕那甚麽聖旨。豬兒年閏七月初五日。上都有時分寫來。

下一碑在陝西郃陽縣光國寺。蒙漢兩體文。

（31）一三一九年陝西郃陽光國寺蒙漢文聖旨碑

長生天氣力裏。大福廕護助裏皇帝聖旨。軍官每根底。軍人每根底。城子裏達魯花赤官人每根底。往來使臣每根底宣諭的聖旨。成吉思皇帝。月闊台皇帝。薛禪皇帝。完澤篤皇帝。曲律皇帝。聖旨裏。和尙也里可温。先生每不揀甚麽差發休當。告天祝壽者。道有來。如今依着在先聖旨體例裏。不揀甚麽差發休當。告天祝壽者。麽道。奉元路所管同州郃陽縣有的五塚國淸寺。光國寺。壽聖寺。橋頭寺。永寧寺。大柵寺。木避寺。等寺院裏住的福講主。海吉祥達講主。冲戒師。心戒師。瓊師。

爲頭和尙每根底。執把行的聖旨與了也。這的每寺院房舍裏使臣休安上者。鋪馬祇應休拿。地稅商稅休與者。但屬寺家的水土園林碾磨店鋪席解典庫浴堂人口頭疋。不揀甚麼他的休奪要者。休使氣力者。更這和尙每說有聖旨麼道無體例勾當休做者。做呵。他每不怕那。聖旨馬兒年〔戊午〕四月二十三日。上都有時分寫來。延祐六年八月吉日。住持僧明慧普慈大師了常立石。路井鎭趙珪刊。鄉士白克中譯書丹并額。

下一碑原在河南濬縣天寧寺。今毀。其文已爲熊象階濬縣金石錄所錄。據云上有國書。此國書得爲蒙古八思巴體書。亦得爲西藏文。緣此碑勒國師法旨。其人爲西藏人。且漢藏兩體碑當時亦有之也。〔見後〕元史二〇二八思巴傳。泰定間〔一三二四至一三二七〕帝師有弟名公哥亦思監。與帝師名頗同。據佛祖歷代通載卷三十六。其人延祐三年〔一三一六〕爲帝師。泰定四年〔一三二七〕殂。

（32）一三二六年河南濬縣天寧寺藏漢文法旨碑

皇帝聖旨裏。帝師公哥羅師監藏班藏卜法旨。軍官每根底。軍人每根底。城子裏達魯花赤官人每根底。往來的使臣每根底。和尚每根底。百姓每根底。教諭的法旨。依聖旨體例。和尚。也里可溫。先生。不揀甚麼差發休着者。告天祝壽者。麼道。大名路濬州大伾山天寧寺裏住持的講主朗吉祥根底。執把行的法旨與了也。這的每寺院裏房舍裏使臣休安下者。鋪馬祇應休着者。稅糧休與者。但屬寺家的水土園林碾磨解典庫店鋪席浴堂人口頭疋。不揀甚麼。他的寺院裏休奪要者。休倚氣力者。這般教諭了呵。別了的人。他更不怕那甚麼。這的每道有法旨。無體例勾當休做者。做呵。他更不怕那甚麼。法旨。雞兒年〔辛酉一三二一〕十月十五日。大都有時分寫來。泰定三年正月吉日。當代住持○朗等立石。

下一文為降賜天目中峯和尚廣錄入藏院劄。廣錄三十卷。原劄及中峯傳附見本錄。是亦別具一格之公文。中有「篤連帖木兒怯薛第二日」一語。有說明之必要。按怯薛為波斯語之譯音。波斯語謂近衞為 kechik。近衞士為 kechiktchi。馬可波羅游記作 Quesitan。應為怯薛丹之對音。元史卷九十九兵志「太祖功臣博爾忽（Burgul）博爾朮（Burgudji）木華黎（Mukuli）赤老溫（Tchilaocan）時號掇里班曲律（durben kuluk）。猶言四傑也。太祖命其世領怯薛之長。

怯薛者。猶言番直宿衞也。每三日而一更。申酉戌日博爾忽領之。爲第一怯薛。卽也可怯薛（yeke kechik）。亥子丑日博爾朮領之。爲第二怯薛。寅卯辰日木華黎領之。爲第三怯薛。巳午未日赤老温領之。爲第四怯薛。」其怯薛執事者今可考其原名者有必闍赤(bitketchi)此言書記。卽滿洲語之筆帖式。有莫倫赤（moritchi）掌馬者也。有帖麥赤（temeghetchi）掌駝者也。有火你赤（gunitchi）牧羊者也。勇士曰霸都魯。（batur）滿洲語作巴圖魯（batoru）壯健之人曰拔突(batu)。下文之怯薛第二日。蓋爲輪番宿衞之第二日。篤連帖木兒怯薛之長也。

（33）一三三四年降賜天目中峯和尚廣錄入藏劄

皇帝聖旨裏。行宣政院准宣政院咨。元統二年〔一三三四〕正月二十六日。篤連帖木兒怯薛第二日。延春閣後咸寧殿裏有時分。速古兒赤〔怯薛掌衣服者〕馬扎兒台。大夫汪家奴。院使羅鍋。殿中喃忽里。火里歹。等有來。本院官撒迪平章。不蘭奚院使。汪束攢古魯思院使。燕京閭院使。桑哥失里院使。喃哥班同知。輦眞班同僉。唆南參議也。先不花經歷。陳都事等奏。在先好師德每撰集來的文字。奉皇帝聖旨。教刊板入藏經裏有來。如今爲這中峯和尚悟明心地好師德的上頭。奉扎牙篤皇帝〔文宗〕聖旨。他根底也立了碑來。如今他撰集來的文字。都是禪宗裏緊要的言語有。如今依先例。將這文字但有藏經印板處。教刊板入藏經。教揭監丞〔揭傒斯時爲藝文監丞〕撰序。加與普應國師名字。俺行與省家文書。教與宣命呵。怎生奏呵。奉聖旨。那般者。教火者賽罕院使皇太后根底啓呵。那般者麼道懿旨了也。欽此。除欽遵外。咨請欽依施行。准此。除外使院合下仰照驗欽依施行。須議劄付者。

右劄付杭州路南山大普寧寺住持准此。

下一文爲一三三五年聖旨。因涉及重修百丈清規事。故百丈清規載之。文內大龍翔集慶寺在南京。一三三〇年元文宗勅建。

（34）一三三五年重編百丈清規聖旨

長生天氣力裏。大福廕護助裏。皇帝聖旨。行中書省。行御史臺。行宣政院。官人每根底。宣慰司。廉訪司。官人每根底。軍官每根底。軍人每根底。城子裏達魯花赤官人每根底。往來的使臣每根底。百姓每根底。衆和尚每根底。宣諭的聖旨。成吉思皇帝。月闊台皇帝。薛禪皇帝。完者篤皇帝。曲律皇帝。普顏篤皇帝。格堅皇帝。忽都篤皇帝。扎牙篤皇帝。亦輦眞班皇帝聖旨裏。和尚也里可溫。先生每不揀甚麽差發休當告天祝壽者。麽道說有來。如今依著在先聖旨體例裏不揀甚麽差發休當告天與咱每祝壽者。麽道。扎牙篤皇帝教起蓋大龍翔集慶寺的時分。依著淸規體例行者。麽道。曾行聖旨有來。江西龍興路百丈大智覺照禪師。在先立來的淸規體例。近年以來。各寺裏將那淸規體例增減不一了有。如今教百丈山大智壽聖禪寺住持德煇長老重新編了。教大龍翔集慶寺笑隱長老爲頭。揀選有本事的和尚。好生校正歸一者。將那各寺裏增減來的不一的淸規。休教行。依著這校正歸一的淸規體例定體行者。麽道。執把的聖旨與了也。這的每寺院房舍裏。使臣每休安下者。鋪馬祇應休拿者。稅糧休納者。但屬寺家水土園林人口頭疋碾磨店鋪解典庫浴堂竹園山場河泊船隻等。不揀是誰。休奪要者。休倚氣力者。這般宣諭了呵。別了的人每要罪過者。更這的每有聖旨麽道。做沒體例勾當呵。他每更不怕那。聖旨。元統三年豬兒年

〔乙亥〕七月十八日。上都有時分寫來。

（35）一三三六年重編百丈淸規法旨〔見百丈淸規〕

皇帝聖旨裏帝師公哥兒監藏班藏卜〔其名幷見佛祖歷代通載卷三十六〕法旨。行中書省。行御史臺。行宣政院官人每根底。軍官每根底。軍人每根底。城子裏達魯花赤官人每根底。往來使臣每根底。本地面官人每根底。百姓每根底。衆和尚每根底。省諭的法旨。扎牙篤皇帝蓋大龍翔集慶寺的時分。教依著百丈清規體例行了。聖旨有來。這清規是百丈大智覺照禪師五百年前立來的。如今上位加與弘宗妙行師號。更爲各寺裏近年將那清規增減不一。教百丈山德煇長老重新編了。教龍翔寺笑隱長老校正歸一定體行的。執把聖旨與了也。皇帝爲教門的上頭。教依著這校正歸一的清規體例定體行者。麼道。是要天下衆和尚每得濟的一般。儞衆和尚每體著皇帝聖心。興隆三寶。好生遵守清規。修行辦道。專與上位祈福祝壽。報答聖恩。弘揚佛法者。不揀是誰。休別了者了。法旨別了的人每。不怕那甚麼。法旨。鼠兒年〔丙子〕四月十一日。大都大寺裏有時分寫來。

（36）一三三六年江西行宣政院劄〔見百丈清規〕

皇帝聖旨裏。行宣政院准宣政院咨。據僧子仲狀告。係江西道龍興路百丈山大智壽聖禪寺知事僧。元統三年七月十八日。本寺住持德煇長老欽受御寶聖旨節該。江西龍興路百丈大智覺照禪師。在先立來的清規體例。近年以來各寺裏將那清規體例增減不一了有。如今教百丈山大智壽聖禪寺住持德煇長老重新編了。教大龍翔集慶寺笑隱長老爲頭。揀選有本事的和尙。好生校正歸一者。將那各寺裏增減來的不一的清規休教行。依著這校正歸一的清規體例定體行者。麽道。執把的聖旨與了也。欽此。除欽遵外。緣係各省開讀事理。欽錄聖旨全文。連前告。乞施行。得此。照得元統三年五月初七日。阿察赤怯薛第二日。三吉怛納鉢〔(nabo)契丹語此言行宮〕裏有時分。對脫別台平章。闊兒吉思平章。阿魯灰院使。舉里學士等。不蘭奚大司徒根底。撒迪中丞傳奉聖旨。江西龍興路裏有的百丈大智覺照禪師。在先立來的清規體例。近各寺年裏。將那清規體例增減了有。如今教百丈寺裏住持德煇長老。重新編了。教大龍翔集聖寺笑隱長老爲頭。揀選有本事的和尙。好生校正歸一。與定體執把行的聖旨。更百丈大智覺照禪師根底。加與弘宗妙行師號。宣政院行文書與詞頭宣命者。麽道聖旨了也。欽此。除詞頭宣命具呈中書省照詳外。據聖旨移付蒙古房。就行翰林院欽依頒降外。今據見告。當院。除外欽錄聖旨全文在前。合行咨請照驗。遍行合屬。欽依施行。准此。除外欽錄全文在前。使院合下仰照驗。欽依施行。

須議劄付者。

右劄付百丈山大智壽聖禪寺德煇長老准此。至元二年月日。

下一碑在山東長清大靈巖寺千佛殿後東壁。沙畹游山東時見之。此碑極可寶貴。緣今所見西藏文漢文白話兩體碑。除此外別未見有第二碑。此碑拓影片及西藏文譯文。已見荷蘭刊通報。（一九〇八年刊）碑載年月爲蛇兒年三月二十三日。西藏文亦係直譯漢文。未能考定爲何年物。但據沙畹之說。碑中有定巖長老寺外墳園有二墓碑。其一爲一三四一年定巖所撰。其一爲一三三六年定巖所書。後一碑誌有一三〇七年僧人某歸自大都。賚有聖旨太子令旨國師法旨。各一通。此碑所刊法旨疑卽指此。則此碑爲一三〇七年以後。一三三六及一三四一年以前物。顧一三四一年爲辛巳年。卽蛇兒年。似寫定於是年云云。余以爲諸旨寫定應在一三〇七年之前。或卽一三〇五年。緣是年爲大德九年乙巳也。前第三十條長清靈巖寺下院一三〇六年榜示。可以參證吾說。

（37）山東長淸靈巖寺藏文漢文令旨碑

皇帝聖旨裏。管着兒咸藏〔（dkon mchog rgyal mchan）藏文國師名。此云寶石旗。〕大元國師法旨裏。軍官每根底。軍人每根底。斷事官每根底。來往使臣每根底。管城子達魯花赤官人每根底。本地面官人每根底。來往收檢和尙俗人百姓每根底。省諭的法旨。泰安州長淸縣大靈巖寺。住坐的僧人定巖長老。端與上位祝延聖壽。依體例裏住坐者。在前但屬寺家的田地水土園林碾磨店鋪解典庫浴堂人口頭疋等物。不揀是誰休倚氣力奪要者。休謾昧欺付者。休推是故取問要東西者。交他安穩住坐者。執把行的法旨與了也。見了法旨。別了呵。依著聖旨體例裏。怎不怕那是麽。這的每有法旨麽道。無體例的勾當休做者。蛇兒年三月二十三日。高良河大護國仁王寺裏有時分寫來。

下一碑在北京護國寺。帝京景物略卷一載之。又後二條兩劄付。亦共勒同寺一碑之上。文云崇國寺者。元時寺名也。

（38）一三五四年北京崇國寺聖旨碑

長生天氣力裏。大福廕護助裏皇帝。聖旨。軍官每根底。軍人每根底。管城子達魯花赤官人每根底。往來使臣每根底。宣諭的聖旨。成吉思皇帝。窩闊台皇帝。薛禪皇帝。完澤篤皇帝。曲律皇帝。普顏篤皇帝。格堅皇帝。忽都篤皇帝。亦憐眞班皇帝聖旨裏。和尚。也里可溫。先生每。不揀甚麽差發休當。告天祈福祝壽者。說來。如今依在先聖旨體例。不揀甚麽差發休當。告天祈福祝壽者。麽道。大都裏有的南北兩崇國寺。天壽寺。香河隆安寺。三河延福寺。順州龍雲寺。遵化般若寺。等寺院裏住持。佛日普明淨慧大師。孤峯講主學吉祥。衆和尚每根底。爲頭執把的聖旨與了也。這的每寺院裏房舍。使臣休安下者。鋪馬祇應休着者。稅糧商稅休納者。但屬寺家的水土園林碾磨店鋪解典庫浴堂人口頭疋。不揀甚麽。不揀是誰。休倚氣力奪要者。這佛日普明淨慧大師。孤峯講主學吉祥。爲頭和尚每。依着在先老講主體例裏行者。別了的和尚每。有呵。遣趕出寺者。更這學吉祥等和尚每。倚有聖旨。麽道。無體例勾當休做者。若做呵。他每不怕那。聖旨。至正十四年七月十四日。上都有時分寫來。

（39）一三六三年宣政院劄〔文在選公傳戒碑陰〕

皇帝聖旨裏。宣政院至正二十三年十月十三日。哈剌章怯薛第二日。明仁殿裏有時分。速克兒赤〔元史語解卷八速克兒赤（sugurtchi）此元掌繖〕也速迭兒。云都赤（ildutchi）火里（Khor）。殿中月〇帖木兒（Temur）。給事中觀音奴。〔按此名似非譯音。元史卷四十一有文殊奴。卷十五有金剛奴。卷二十二有三寶奴。卷一九二觀音奴傳。唐兀人。世居新州。疑皆譯意。而非譯音〕等有來。本院官帖古思不花(Tekus Bukha)院使阿剌台經歷等奏。大都有的大崇國寺開山住持空明圓證選公大師立傳戒碑石的上頭。俺與撒思監太保右丞相一處商量來。交中書省參政危素撰文幷書丹。集賢殿大學士滕國公張瑧篆額呵。怎生。麽道。皇太子根底啓呵。上位根底奏呵。聖旨識也者。麽道奏呵。奉聖旨那般者。欽此。除已移咨危素撰文幷書丹。學士張瑧篆額外。使院合下仰照驗欽依施行。須議劄付者。

右劄付大崇國寺准此。

（40）一三六六年宣政院劄〔同上〕

皇帝聖旨裏。宣政院至正二十六年二月十七日。完者帖木兒(Euldjai Temur)怯薛第一日。

宣文閣裏有時分。速古兒赤(sugurtchi)完者不花(Euldjai Bukha)。云都赤(ildutchi)塔海帖木兒殿中。寶堅給事中解里顏等有來。帖克思不花(Tekus Bukha)院使孛羅帖木兒(Burn Temur)副使。八兒忽台參議。都馬經歷。忙哥帖木兒(Mangu Temur)經歷等奏。俺根底釋教都壇主澄吉祥文書裏咨呈。大崇國寺空明圓證大所選公釋教都總統名分裏委付了有來。他亡歿了。有爲他傳受金字戒本立碑的上頭。依先祖師例。封贈國師名分的說有。俺與伯撒里太師右丞相一處商量了。依著他保來的文書。釋教都總統澄慧國師選公名分封贈。怎生麼道。皇太子根底咨呵。上位根底奏呵。聖旨識也者。麼道奏呵。奉聖旨那般者。欽此。除欽遵外。使院合下仰照驗就行。欽依施行。須議劄付者。

右劄付大崇國寺准此。